GESTÃO,
A ESSÊNCIA PARA GRANDES RESULTADOS

LUCAS SPÍNOLA

GESTÃO,
A ESSÊNCIA PARA GRANDES RESULTADOS

Copyright © 2020 de Lucas Spínola
Todos os direitos desta edição reservados à Editora Labrador.

Coordenação editorial
Erika Nakahata

Copidesque
Laura Folgueira

Projeto gráfico, diagramação e capa
Felipe Rosa

Revisão
Silvia Prevideli
Laila Guilherme

Assistência editorial
Gabriela Castro

Imagens de capa
Freepik.com

Dados Internacionais de Catalogação na Publicação (CIP)
Angélica Ilacqua — CRB-8/7057

Spínola, Lucas
   Gestão, a essência para grandes resultados / Lucas Spínola. – São Paulo : Labrador, 2020.
   136 p.

ISBN: 978-65-5625-003-8

1. Administração 2. Negócios 3. Liderança I. Título

20-1595   CDD 650.1

Índice para catálogo sistemático:
1. Administração

Editora Labrador
Diretor editorial: Daniel Pinsky
Rua Dr. José Elias, 520 – Alto da Lapa
05083-030 – São Paulo – SP
+55 (11) 3641-7446
contato@editoralabrador.com.br
www.editoralabrador.com.br
facebook.com/editoralabrador
instagram.com/editoralabrador

A reprodução de qualquer parte desta obra é ilegal e configura uma apropriação indevida dos direitos intelectuais e patrimoniais do autor.

A editora não é responsável pelo conteúdo deste livro.
O autor conhece os fatos narrados, pelos quais é responsável, assim como se responsabiliza pelos juízos emitidos.

Aos três Carlos da minha vida: filho, pai e avô.

SUMÁRIO

APRESENTAÇÃO 9

1. A LIDERANÇA É A ALMA DO NEGÓCIO 17
2. PESSOAS MOVEM NEGÓCIOS 35
3. METAS QUE INDICAM AONDE SE QUER CHEGAR 51
4. FOCO NO CONTROLE DE GASTOS 65
5. A DINÂMICA DO NEGÓCIO E A GESTÃO FINANCEIRA 91
6. CONQUISTAR GRANDES RESULTADOS FAZENDO O CERTO 106
7. A ESSÊNCIA PARA GRANDES RESULTADOS 123

REFERÊNCIAS 133

APRESENTAÇÃO

Nos últimos tempos, tenho me envolvido e interessado cada vez mais pela gestão e suas múltiplas dimensões. Dediquei-me a muitas leituras sobre o tema e passei a acompanhar com um olhar mais crítico os gestores com quem já tive ou ainda tenho a oportunidade de conviver. Gerir é uma nobre arte. Estou consciente de que uma boa gestão passa necessariamente por aspectos econômicos e financeiros, mas não se limita a isso.

Essa visão limitadora é comum. Muitos atentam apenas para os aspectos econômicos e financeiros de uma empresa. Aqueles que têm formação em finanças, como eu, costumam justificar dizendo que todo o resto se reflete no caixa.

Reconheço em essência essa afirmação. No entanto, é preciso compreender que existe uma série de elementos inter-relacionados, não havendo justificativa para analisá-los de maneira segregada. Assim, o reflexo no caixa é consequência da interação desses elementos.

Não é fácil encontrar leituras que conversem com as mais diferentes habilidades associadas a uma boa gestão; em geral, são textos com forte embasamento teórico, setorizados e de pouca aplicação prática. Por isso, minha proposta neste livro foi reunir, em um único exemplar, todos os aspectos relacionados a essas habilidades essenciais, apresentando-os com uma abordagem sucinta e, de maneira complementar, com a discussão de relatos de experiências. Esse conjunto de informações visa qualificar aqueles que se ocupam ou pretendem se ocupar da nobre arte de gerir.

Escrevi este livro ainda moço — expressão muito comum para um interiorano do sertão baiano como eu —, mas já tendo tido a oportunidade de atuar em empresas de médio e grande porte, sempre em áreas relacionadas à gestão e com passagem pela sala de aula na escola de negócios de uma conceituada universidade. Faço essa ressalva em decorrência de uma grande lição que me foi dada pelo professor dr. Noelio Spinola,[1] quando, oportunamente, me lembrou de que os conceitos maturam ao longo do tempo, até que passamos a ter um constructo teórico próprio a despeito dos mais variados temas.

As páginas a seguir são resultado de minha inquietude acadêmica e profissional e de um desejo de tentar contribuir, em alguma medida, para a elevação do grau de maturidade gerencial de quem ocupa postos com capacidade de decisão.

Acredito que este livro segue a tônica do menos é mais. Nele constam relatos e aprendizados das experiências que tive ao longo da vida e aquilo que carrego comigo das leituras e cursos que já realizei. Encarei muitas situações aparentemente tão evidentes e simplórias que me questionei

---

1. Economista, doutor em Geografia e História pela Universidade de Barcelona e pós-doutor em Sociologia pela Universidade Nova de Lisboa.

como não havia pensado nelas antes. O simples também pode provocar grandes transformações.

Por conta disso, venho defendendo a ideia de que, por mais evidente que possa parecer a mim e a tantos outros que porventura leiam este livro, tais questões não devem ser desprezadas. Elas podem trazer luz a alguém que esteja tendo acesso à colocação pela primeira vez.

O erro é o caminho natural para o aprendizado, pois espera-se que sirva como lição e condicione a correção de rumos. Sendo assim, a opção mais inteligente é aprender com o erro dos outros, já que não apresentam nenhum "custo" para as nossas vidas.

Nas experiências, mesmo que não sejam perfeitamente iguais, as situações se repetem, e é essa repetição que coloca o indivíduo em uma condição mais favorável para lidar com as questões. Portanto, os *boxes* com relatos de experiências e a narração que aqui seguem podem repetir-se em alguma oportunidade na sua carreira no mundo corporativo, e quem sabe não o ajudarão a posicionar-se.

Toda construção teórica é marcada por uma série de premissas ou pressupostos. Afinal, como simplificação de uma realidade extremamente complexa, ela só será válida se, e somente se, todos os aspectos considerados forem verdadeiros.

Fazer uma releitura da formulação teórica sem a devida compreensão das suas premissas ou do contexto econômico e social no qual foi desenvolvida pode implicar uma análise equivocada, o que, por consequência, impactará negativamente sua decisão.

Em economia, utiliza-se o termo "*ex post*" para as avaliações de fatos passados. É sempre muito fácil analisar ou julgar as questões depois de ocorridas. O difícil é fazer a leitura adequada com todos os fatores que condicionam uma tomada de decisão, como prazos exíguos e outros tantos fatores de pressão.

Não desqualifico, mas não quero ser reticente na utilização das diversas teorias já desenvolvidas sobre a gestão. Minha pretensão é trazer uma discussão prática, evitando assim a simplificação de uma realidade extremamente complexa.

No auge da minha adolescência, quando experimentava o ápice da rebeldia típica dessa fase da vida, atendi a um pedido de um psicólogo para reservar um minuto, apenas um minuto, para pensar nas situações que havia vivido durante o meu dia.

Confesso a vocês que situações que pareciam desprezíveis passaram a ter valor significativo. Foi assim que aprendi a real importância do "obrigado", do "bom dia" ou de um simples abraço. Essa é outra motivação minha em escrever estas palavras, pois quem sabe vocês, leitores, não utilizem esta leitura para se conhecer melhor como gestores ou se preparar para um dia ocupar um posto de decisão com a grandeza que ele exige de nós.

Este livro, portanto, não carregará em si nenhuma pretensão de aprofundamento teórico. Será, sim, um guia prático daquilo que entendo que deve ser feito para se atingir um bom nível de maturidade gerencial e, consequentemente, o sucesso do negócio.

Carrego essa preocupação, de maneira muito especial, em decorrência dos pequenos e microempresários, responsáveis por grande parte dos postos de trabalho em todo o mundo, muitos deles guiados apenas por sua intuição e pela veia empreendedora. Avançar na qualificação da gestão certamente pode levá-los a patamares ainda mais altos. Por vezes, muito do que eu escrevi poderá parecer distante da realidade desses pequenos e microempresários, mas creio que eles serão capazes de fazer a analogia devida com a realidade dos seus negócios e alcançar novos horizontes, qualificando sua gestão.

Essa opção por um guia prático não guardará nenhuma relação com a formação curricular habitual a que somos expostos. Certamente, esta obra está muito mais vocacionada ao modelo de capacitação defendido por Flávio Augusto[2] em seus projetos Geração de Valor e MeuSucesso.com: aprender com os feitos. A exposição teórica do livro é uma consequência da atividade prática, e a prática é resultado da sequência e da repetição das atividades, entendendo que é necessário estar num processo contínuo de evolução.

No cenário de multidisciplinaridade que envolve a gestão de um negócio, iniciaremos destacando o papel da liderança não pela posição hierárquica, mas pela influência que exerce nos demais. O gestor é o responsável por balizar toda a estrutura organizacional e a rotina de funcionamento da empresa.

O segundo elemento abordado são as pessoas, pois todos os negócios dependem das relações sociais e da convivência com o outro. São as pessoas que movimentam a vida e os negócios, por mais automatizada e digital que seja nossa vivência nos dias de hoje.

---

2. Empresário e dono de uma fortuna bilionária. Entre seus principais negócios, estão a rede de ensino de inglês Wise Up e o time de futebol Orlando City, com sede em Orlando, Flórida (Estados Unidos).

No terceiro momento deste livro, falaremos sobre a necessidade de se ter clareza do ponto ao qual se quer chegar. Para isso, é necessário mensurar, permitindo comparabilidade ao longo do tempo e a exata dimensão do quanto de conhecimento necessita ser incorporado para se alcançar o novo patamar.

A quarta parte será dedicada ao foco no controle de gastos e à relevância da gestão dos custos para o sucesso econômico e financeiro do negócio. Esse entendimento será complementado no quinto capítulo, que aprofundará a lógica da dinâmica de funcionamento da empresa e os aspectos de gestão econômica e financeira.

Por fim, na última parte com caráter prático, abordaremos a necessidade de se manter uma rotina de trabalho bem definida, estabelecendo limites e papéis a serem desempenhados por cada um dos atores envolvidos no negócio. Esse capítulo abordará questões vinculadas a governança corporativa e *compliance*, com base no entendimento das três linhas de defesa de uma empresa. São aspectos que defino como cruciais para qualquer negócio.

Ao final, compartilharei uma mensagem, buscando cumprir um legado que me foi confiado pelo saudoso professor dr. Edivaldo Machado Boaventura.[3] Um bom professor inspira seus alunos, mas uma atuação ruim também pode frustrar e interromper sonhos. Espero, portanto, ser fonte de inspiração a cada um de vocês que me acompanharem nesta jornada, e que se permitam refletir.

---

3. Bacharel em Direito e Ciências Sociais, doutor em Direito e livre docente da Universidade Federal da Bahia (UFBA). Atuou como professor, advogado, juiz, sociólogo e escritor.

As condições para iniciar esta caminhada são a compreensão de que a evolução no mundo se dá a partir do crescimento e do amadurecimento de cada um e a consciência de que estamos vivenciando um processo acelerado de transformações no contexto social em escala mundial, em função da nova dinâmica de vida proporcionada pelo avanço tecnológico na era digital e da realidade virtual.

Estão dispostos a mergulhar no universo da gestão? A fazer uma autocrítica de como vocês se colocam no mundo corporativo?

Que façam bom proveito, pois terão aqui o melhor de mim.

1. A LIDERANÇA É A ALMA DO NEGÓCIO

O líder tem o papel de maior relevância em uma corporação. Contudo, essa importância não se deve ao fato de estar ocupando local de destaque na hierarquia funcional de uma empresa, mas ao fato de que suas atitudes refletem naqueles que estão vinculados a ele. Há que se apontar que a condição de liderança é independente da posição hierárquica, pois a liderança é percebida pela influência que uma pessoa consegue exercer sobre outras, não pela imposição em decorrência do posto ocupado dentro da estrutura funcional da empresa.

Aqui, faço uma distinção entre poder e *status*. O poder é compreendido como algo imposto e o *status*, como uma conquista das pessoas em face de um comportamento desenvolvido no decorrer do tempo. Fica claro, assim, que o objetivo aqui é falar da liderança pelo *status* conquistado e não em decorrência da posição na hierarquia de uma empresa.

Pelo próprio significado da palavra, segundo o Dicionário Online, o líder é a "pessoa que possui autoridade e poder para comandar os demais", ou seja, é o "indivíduo que exerce influência no comportamento ou no modo de pensar de alguém".

Defendo que o *status* obtido perante os colegas se dá em função do seu comportamento e da coerência das suas atitudes. Aqui cabe destacar o sentido desejado para o termo "coerência das suas atitudes".

Coerência nas atitudes é cumprir e fazer cumprir aquilo que está disposto para todo o corpo de colaboradores da empresa de maneira isenta e uniforme. É agir de maneira impessoal, sem privilégios em qualquer situação. É mostrar na prática aquilo que se espera que seja feito pelos demais. É cumprir e fazer cumprir os normativos, códigos, políticas e procedimentos. É ser legalista e respeitar as delimitações de competências definidas pela estrutura de governança da empresa. É tratar da empresa como se fosse algo pessoal, mesmo que não seja. É ser honesto e transparente nas relações.

Essa construção de uma relação pautada na confiança vai muito além da ideia simplista que estamos cansados de ouvir de que "líder é aquele que cobra em reservado e elogia em público" ou "aquele que orienta em vez de dar ordens".

Dentro de uma organização, a maneira como devemos agir pode ser expressa em normas, códigos, políticas e procedimentos ou apenas nas manifestações daqueles que exercem função decisória.

As palavras, faladas ou escritas, se perdem ao vento ou no tempo. O que realmente fica são as atitudes e o posicionamento adotados mediante as situações. Isso não quer dizer que não há valor na construção de normas, políticas, códigos e procedimentos. Quer dizer, pelo contrário, que esses devem refletir as condutas que são adotadas na prática, a fim de que não sejam documentos meramente formais, sem nenhuma aplicabilidade. Aprofundaremos normas, políticas, códigos e procedimentos na última parte, de caráter mais prático, deste livro.

Como as atitudes de um líder tendem a se refletir nas atitudes de toda a sua equipe, isso pode ter um efeito extremamente positivo, mas também provocar sérios danos ao negócio. O líder pode conduzir a sua equipe com exemplos positivos, motivando e criando um ambiente sadio, ou pode levar a uma situação de conflitos e disputas de cunho pessoal em função de atitudes negativas. O fato é que tais disputas de cunho pessoal gastam energia para questões que destoam dos interesses da corporação, fazendo com que surjam questões irrelevantes no ambiente corporativo.

Caso o líder não cumpra adequadamente seu papel, nada acontecerá de fato. Pode-se ter uma excelente estrutura de governança corporativa, uma cultura extremamente positiva de gestão do conhecimento e todo o método muito bem definido e sistematizado, mas a tendência é de que toda a organização vá à ruína em função das atitudes negativas por parte da liderança. A liderança, quando realizada de maneira negativa, por si só, tem a capacidade de corromper toda a estrutura organizacional, por mais qualificada que seja.

Considerando o poder de influência que pode exercer sobre os demais colaboradores, um líder não pode se resumir a ser um grande cumpridor de metas — ele deve preocupar-se, sim, em bater metas, mas da maneira adequada. Ou seja, não basta guiar para bons resultados, deve-se também prezar pelas boas condutas, pela preservação dos valores que regem a corporação e por um ambiente de trabalho que estimule todos os envolvidos.

Garantir que as metas sejam cumpridas de maneira adequada é, portanto, o ponto crucial do papel do líder. Diante de tantos escândalos e da evolução que experimenta a nossa sociedade, já não há mais espaço para burlar as normas, para o denominado "jeitinho brasileiro".

Como podemos perceber até aqui, a função de liderança está muito vinculada à gestão de pessoas. Mas também cabe ao líder patrocinar a estrutura de governança corporativa, o fomento do processo de gestão do conhecimento e a garantia do cumprimento da metodologia que foi desenhada, objetivando o sucesso da empresa.

Tudo isso só é conquistado quando se mantêm as pessoas motivadas em torno dos objetivos, a partir de uma atuação positiva e propositiva. Todos esses fatores se expressam na cultura organizacional, que deve sustentar um ambiente propício ao fortalecimento da empresa.

O líder é um agente de transformação dentro de uma organização, e essa é uma atribuição que ele não pode delegar a nenhum dos seus subordinados. Portanto, queira sempre ser fonte de inspiração. Ajude e guie aqueles com quem se relaciona para o caminho do sucesso.

LIDERAR É DAR EXEMPLOS
De maneira bem simples e direta, mais valem as atitudes e os gestos do que aquilo que está no papel, em forma de

normativos, ou do que é falado. A palavra do líder tem um peso forte dentro de uma organização, mas ela se perde no vento. Palavra é só palavra. Já a maneira como a liderança age reflete no comportamento dos demais colaboradores.

Normativos e procedimentos definidos por uma empresa só fazem sentido quando são corroborados pelas ações daqueles que ocupam papel de liderança. Caso contrário, cairão no descrédito e não passarão de formalidade e objeto de deboche para os colaboradores, servindo de estímulo ao surgimento de uma cultura negativa. Em vez de serem vistos de maneira positiva, passarão a ser observados como uma imposição àqueles que estão em cargo mais na base da estrutura funcional, podendo representar um ponto de tensão nas relações.

> Ouvi em diversas oportunidades uma lenda urbana segundo a qual um dos políticos mais tradicionais da Bahia costumava proferir a célebre frase: "Aos amigos, tudo. Aos inimigos, o rigor da lei". Imagine as consequências que atitudes como essa podem causar dentro de uma organização? Em geral, os procedimentos representam uma série de condicionantes que devem ser cumpridas, considerando as reais necessidades da empresa. Não faz sentido haver privilégios.

Quando os exemplos são positivos, o líder é capaz de inspirar pessoas a ultrapassar a barreira dos estímulos financeiros para o cumprimento da rotina de trabalho. O ser humano é movido por sonhos, que não estão necessariamente ligados a dinheiro.

A atuação do líder deve personificar a cultura definida pela instituição, de modo que os valores façam sentido para todos. Só assim haverá consciência por parte dos *stakeholders*[4] de que existe uniformidade nas decisões, respeitando a condição de impessoalidade que deve marcar a conduta de um bom gestor.

O respeito é um pilar fundamental para que se tenha a admiração. A admiração é o elemento-chave para alguém ser fonte de inspiração; e, para que seu efeito seja duradouro, essa inspiração deve ser conquistada pela coerência de suas ações.

> Uma dinâmica se sucedeu da seguinte forma: inicialmente, o professor apresentou instruções de que todos deveriam bater palmas três vezes e depois levantar as mãos. Com base nas instruções dadas, ele começou com os alunos da turma o rito que foi passado, mas em determinado momento modificou seus gestos, agindo de maneira conflitante com a rotina que ele próprio havia designado. No início houve um conflito intenso entre os alunos para identificar a rotina a ser executada; de um lado estavam as instruções fornecidas e, do outro, os gestos repetidos por quem liderava o processo e passou a instrução original. O

---

4. *Stakeholders* são o público estratégico ou parte interessada que tem um papel direto ou indireto na gestão ou resultado de uma organização. Exemplos: colaboradores, gestores, fornecedores, governo, sociedade.

> fato é que, ao final, todos acabaram repetindo aquilo que estava sendo executado pelo professor, mesmo que estivesse em desacordo com a orientação recebida formalmente. A moral dessa história é que, mesmo com uma orientação clara que em nenhum momento foi alterada, a conduta das pessoas mudou em função da atitude tomada pelo líder.

LIDERAR É SER POLÍTICO

É muito difícil conciliar todos os interesses nas decisões a serem tomadas diante dos problemas e conflitos que marcam o dia a dia de uma corporação. Assim, certamente muitas questões deverão ser renunciadas ao longo do processo, pois dificilmente se encontrará uma posição que possa ser classificada como ganha-ganha.

Conhecedor disso, cabe ao líder ser criterioso quanto às questões que de fato devem exigir o seu empenho, e mais: dosar a intensidade dos esforços realizados, que devem ser proporcionais à relevância do tema dentro da organização. Grandes ações só devem ser realizadas para atividades de forte impacto. Ou seja, questões cuja relevância no resultado ou no ambiente corporativo é pequena não merecem atenção, especialmente se forem criar grandes conflitos.

Recorrerei a uma analogia extraída do livro *Vencedoras por opção*, de Jim Collins, em que ele menciona as balas de revólver e as de canhão. Em muitos momentos, devemos empregar pequenos esforços classificados como balas de revólver para entender o grau de assertividade de uma medida, para só depois ter uma convicção maior do caminho a ser adotado e empreender grandes ações, denominadas de balas de canhão.

É preciso ter a consciência de que normalmente a tomada de decisão traz consigo aspectos negativos, pois, se foi necessária uma decisão, isso indica que houve interesses divergentes ao longo do processo. Reconhecer esses efeitos adversos não é nenhum demérito, pelo contrário, traz honestidade e transparência para a rotina de trabalho.

Então, antes de qualquer decisão, é preciso entender a relação entre o esforço necessário para atendimento da demanda e o impacto a ser gerado pelas ações que devem ser tomadas. Assim, em algumas oportunidades os desgastes causados em consequência das ações cabíveis podem ser maiores do que a representatividade positiva das mesmas.

Tão importante quanto a definição da dose de esforço condizente com a necessidade é a opção pelo momento adequado. Na vida, somos responsáveis não só pelas escolhas que fazemos, mas pelos momentos em que tomamos tais decisões. É preciso, então, ser cauteloso em escolher o momento adequado para trazer os assuntos à pauta. Prudência é a palavra de ordem.

> Imagine que você descobre um problema grave em um contrato de prestação de serviço, cuja atividade é fundamental para a execução das tarefas realizadas na sua empresa. Se quisermos amplificar aqui a situação, imagine que seja um fornecedor exclusivo ou que a substituição requererá um tempo considerável para qualificação do pessoal. É fato que alguma

> medida deve ser tomada, mas é preciso compreender o momento adequado a fim de que não represente interrupção do serviço, bem como analisar a melhor forma de condução da situação. Seguir as sanções previstas no próprio contrato é o primeiro caminho que se desenha, mas, às vezes, elas podem ser rigorosas demais. Neste caso, não há uma posição definida previamente, e ele deve ser tratado dentro das especificidades de cada situação.

A ideia de ser político também está relacionada ao fato de que é preciso haver abertura para a proposição de ideias, não podendo se restringir a uma colaboração unilateral. A participação dos diferentes atores dentro dos diversos processos, além de poder aprimorar o produto ou o processo em discussão, também é uma forma de atrair apoio para as questões de interesse da empresa.

As pessoas naturalmente têm uma relação de maior envolvimento com aquelas questões em que se sentem representadas. Não dá para considerar os colaboradores apenas como meros executores de uma rotina ao estilo Charlie Chaplin no clássico filme *Tempos modernos*.

O envolvimento dos *stakeholders* é necessário para se atingir os objetivos almejados, ainda mais em um ambiente altamente competitivo e com o amplo acesso à informação que marca os tempos atuais. Uma forte coesão entre os envolvidos é fator primordial para o alcance de resultados expressivos.

LIDERAR É DEFINIR RUMOS E METAS

Compete ao líder decidir sobre as estratégias a serem seguidas e os caminhos a serem adotados e, com base na estratégia central da corporação, definir o desdobramento das metas para os demais. O líder deve guiar e definir de que maneira cada membro da equipe deve contribuir para que os objetivos da empresa sejam alcançados.

Obviamente, aqui, consta de um relato generalista, mas há uma hierarquia a ser respeitada e, portanto, a atuação dos líderes em níveis intermediários está limitada ao que foi definido por seus superiores. Mesmo o CEO de uma grande empresa responde às diretrizes estabelecidas pelo Conselho de Administração.

O fato é que é papel da liderança definir e atribuir a seus subordinados as metas e os objetivos a serem cumpridos. É importante dar clareza ao papel de cada um ou de cada área dentro do conjunto, de modo que possa haver a identificação do quanto sua atribuição pode interferir no todo. Esse entendimento do cenário tem que ser claro para o conjunto de colaboradores, de modo que se sintam parte das conquistas obtidas pela empresa.

Definir e desdobrar as metas apresentadas não exime o líder de saber ouvir e construir de maneira coletiva. Antes de tudo, as metas devem ser percebidas como pontos de melhoria para alcançar ou consolidar resultados essenciais para o negócio. Portanto, aqueles que operacionalizam são profundos conhecedores dos *gaps*[5] de conhecimento das rotinas desempenhadas, passíveis de melhorias.

---

5. *Gaps* é sinônimo de lacuna.

Estar envolvido nas rotinas de trabalho da empresa facilita na definição das metas e objetivos. É importante conhecer o "chão da fábrica" para que não seja proposta nenhuma anomalia.

> De tempos em tempos, as empresas passam por um processo de transição de pessoas nos cargos de chefia. Esses momentos naturalmente são marcados por grande instabilidade. Por isso, é relevante ter clareza dos resultados esperados para a corporação, de forma que os colaboradores e aqueles que irão assumir a posição de chefia compreendam o caminho a seguir, independentemente dessa mudança de nomes. Os objetivos da empresa devem ser desvinculados de desejos individuais, ou seja, não devem ser personificados e são soberanos. A falta de um objetivo coletivo comum, em qualquer circunstância, tende a criar um ambiente de disputas para se marcar território, e muito esforço pode ser desprendido sem gerar resultados práticos para a instituição. Pensando na perenidade da empresa, os objetivos a serem alcançados devem persistir, mesmo que se mude o nome daquele que ocupa o topo da estrutura hierárquica da corporação, até que seja definido um novo direcionamento, seguindo os parâmetros estabelecidos pela estrutura da governança corporativa.

LIDERAR É DECIDIR, É RESOLVER PROBLEMAS

Nem sempre é possível conciliar todos os interesses envolvidos na rotina de trabalho. Em situações de conflito, cabe ao líder definir o caminho a ser seguido, dando fim ao problema que se apresenta.

É importante não perder tempo, embora as decisões requeiram uma maturação adequada, a fim de que se evitem danos ainda maiores. Todo líder terá que se envolver necessariamente no processo decisório, e conhecer a rotina do dia a dia da empresa ajuda nessa tomada de decisão.

A omissão é a pior escolha. Por mais que algum interesse específico não seja atendido, desde que haja coerência nas atitudes do líder, o impacto será menos traumático do que o da omissão. Nada é mais natural do que a percepção de que compete ao líder se posicionar e indicar o caminho diante de um conflito.

O entendimento de um problema não se limita a eventuais conflitos. Aqui, o conceito deve ser percebido sob duas óticas: os problemas bons e os problemas ruins. Problemas ruins seguem o entendimento usual, e problemas bons são as lacunas de conhecimento que são oportunidades de melhorar o desempenho da organização.

Então, os problemas ruins acontecem diante de inconsistências na rotina operacional, e os problemas bons são provocações para melhoria nos procedimentos e resultados a serem alcançados pela empresa.

Cabe ao líder atuar para que os problemas ruins aconteçam cada vez menos, sabendo que é impossível eliminá-los em definitivo e que eles aparecem sem aviso prévio. Assim, é preciso garantir que haja processos claramente definidos e condizentes com a rotina de trabalho, para os quais os colaboradores devem estar devidamente treinados. A cada problema ruim solucionado, a situação deve ser estabilizada e as novas condições absorvidas pela rotina de trabalho. Esta é uma característica do ciclo PDCA.[6] O primeiro passo é o planejamento, e a execução deve ser de acordo com o que foi planejado. Após executada, a rotina deve ser checada. Caso o resultado seja satisfatório, deve ser mantida. Mas, se não atender àquilo que se esperava, deve ser tomada alguma ação, a fim de evitar a continuidade do problema ruim, e realizado um novo planejamento para que a situação não se repita.

Na outra ponta, é preciso estimular os problemas bons. Toda organização deve se reinventar dia após dia, e essa exigência é ainda maior dada a velocidade com que a informação e o acesso ao conhecimento se propagam. Como os modelos de negócios são facilmente replicáveis, a falta de estímulo aos problemas bons pode resultar na perda de nichos de mercado,[7] que consequentemente impactaria de maneira negativa a rentabilidade do negócio.

É preciso estar aberto a novas experiências, mesmo que em dado momento possa haver alguma insegurança quanto à capacidade e à aptidão em desempenhá-las. Os desafios representam grandes fontes de aprendizado.

---

6. Sigla em inglês que identifica os termos *Plan* (planejar), *Do* (fazer), *Check* (checar) e *Act* (agir). Representa um método de gestão muito utilizado no controle e na melhoria contínua de processos e produtos. O método foi criado por Walter A. Shewhart e consagrado por William Edwards Deming, conforme indica o engenheiro mecânico José Manoel Quinquiolo, mestre em Administração pela Universidade de Taubaté, em sua dissertação intitulada *Avaliação da eficácia de um sistema de gerenciamento para melhorias implantado na área de carroceria de uma linha de produção automotiva* (2002).
7. Nicho de mercado representa uma parcela específica de um segmento de mercado.

Se uma organização ainda não está no topo, atuando como líder de mercado, os problemas bons podem ser criados com base nos *benchmarkings*[8] das empresas líderes no segmento. Caso já ocupe a condição de liderança, deve ser estimulado o processo contínuo de melhoria e evolução como forma de garantir a sustentação da posição que a empresa ocupa atualmente. Nesses casos, é preciso estar aberto para quebrar certos paradigmas por trás de rotinas e processos.

A velocidade com que experimentamos a transformação da sociedade e, consequentemente, as suas implicações para o negócio exige estar sempre alertas àquilo que fazemos hoje, e que pode não ter sentido amanhã, bem como àquilo que pode fazer sentido amanhã, mas que ainda não executamos hoje. Essas questões devem sempre levar em conta os movimentos realizados pelos concorrentes.

Antecipar-se aos movimentos de mercado é o que garante a possibilidade de ocupar nichos de mercado e a capacidade de obtenção de lucros, entendidos como extraordinários diante de um cenário concorrencial.

> Quando falo dos movimentos de mercado, sempre me vem à cabeça o exemplo de duas grandes marcas globais de *fast-food*. Essa história faz muito sentido olhando em retrospecto. O fato é que uma dessas grandes marcas experimentou um acelerado ritmo de

---

8. *Benchmarking* é um processo de comparação de práticas empresariais, de modo que as melhores são colocadas como meta.

crescimento em um momento em que predominava o foco em alimentos mais saudáveis, com forte viés naturalista. A segunda grande marca percebeu esse momento e, sem perder sua essência, permitiu que os refrigerantes fossem substituídos por sucos e as batatas fritas por salada, por exemplo. Agora talvez eu fale com uma especificidade maior sobre Salvador, cidade onde moro, na qual atualmente há predomínio, no segmento de *fast-food*, dos chamados hambúrgueres *gourmet*, marcados em geral por muito bacon, carnes suculentas e molhos. O que percebo é o declínio da marca que tem vinculação com a alimentação saudável, enquanto sua concorrente tem fortalecido o oferecimento de hambúrgueres com características mais artesanais. Para mim, este é um exemplo de uma empresa que soube compreender os diferentes movimentos da estrutura social, frente a uma que apenas surfou em uma onda.

LIDERAR É CRIAR UM AMBIENTE DE TRANSMISSÃO DO CONHECIMENTO

A expectativa da empresa é se perpetuar ao longo do tempo, por isso é importante que todos os atores envolvidos compreendam que são passageiros e que, para que sejam garantidas a perenidade e a sustentabilidade da empresa, em longo prazo, o conhecimento deve ser disseminado entre os colaboradores. Esse sentimento deve conduzir o líder, que é o principal representante no processo de difusão de conhecimento.

Antigamente, o conhecimento era algo posto. Uma pessoa específica era detentora do saber e dependia do seu interesse a transmissão desse conhecimento. A barreira ao saber existia até pela dificuldade de se ter acesso à informação. Muitos colaboradores ainda acreditam que deter certo conhecimento é uma forma de manter-se em determinada função, de colocar-se como imprescindível para a empresa e evitar uma possível demissão. Essa crença deve ser debelada prontamente. A premissa básica acompanha o ditado de que ninguém é insubstituível e a organização deve estar acima de qualquer interesse individual.

O conhecimento deixou de ser domínio de um alguém, pois a informação está acessível a todos e hoje é compreendido como fruto de uma construção individual ou coletiva, consequência das respostas encontradas aos questionamentos que são levantados. Fazer os questionamentos corretos é o que direciona adequadamente nossos esforços e traz resultados concretos.

A rotina de trabalho produz um conhecimento de valor incomensurável. Cabe ao líder criar um ambiente que dê segurança aos colaboradores para compartilhar o conhecimento com os colegas e no qual se sintam à vontade para questionar, proporcionando uma cultura de evolução contínua.

Com o passar do tempo, são incorporadas melhores práticas, que necessitam ser preservadas. Esse aspecto muito pouco se relaciona com o conhecimento teórico, mas sim com o *know-how*,[9] algo que decorre da prática.

---

9. Flávio Augusto define *know-how* como um bloco de conhecimentos práticos e acumulativos que se conectam entre si (nexo) e foram adquiridos através de uma linha do tempo de realizações.

As situações guardam alguma semelhança entre si, e o fato de já ter vivido algo próximo do que talvez esteja ocorrendo naquele momento dá melhor condição para o tratamento da questão. Quanto mais um time repete determinada jogada, maior é o entendimento da movimentação necessária de cada um e do comportamento dos parceiros, de modo que na hora do jogo as coisas possam fluir tranquilamente.

A difusão do conhecimento também é necessária com vistas a se obter um maior envolvimento dos *stakeholders* nos diferentes processos. É preciso que se tenha um ambiente de trabalho com flexibilidade intelectual. Grandes discussões solidificam o entendimento, dando maior consistência a toda a construção do conhecimento.

O economista clássico Alfred Marshall (1842-1924), por exemplo, defendia que o conhecimento deve ser difundido para que possa ser absorvido até mesmo de maneira inconsciente. Assim, as melhorias na rotina devem ser transmitidas por meio de treinamentos, de modo que possam ser adotadas pelos demais.

Quando se consegue construir um ambiente em que fica clara a importância da construção coletiva, os desejos individuais são colocados em segundo plano e destrói-se a barreira que poderia vir a impedir a transmissão do conhecimento. Esse senso de coletividade ajuda a criar uma cultura de excelência e de produtividade, pois o trabalho de cada colaborador é percebido dentro do todo.

O entendimento da relevância da sua atuação dentro do processo inteiro provoca maior identificação com o resultado alcançado. Não há como pensar em realizações de maneira isolada dentro de uma corporação.

> Os sistemas ERP (sigla do termo em inglês "Enterprise Resource Planning", que são Sistemas Computacionais Integrados de Gestão Empresarial) estão estruturados em transações independentes, que são desenvolvidas ou adequadas para atender a determinadas necessidades específicas das empresas, vinculadas ao colaborador proponente da demanda. Quem já teve a oportunidade de passar por uma companhia que utiliza um desses sistemas saberá o quanto de *know-how* foi perdido ao longo do tempo. São curiosos os diversos comentários que ouvimos ao tomarmos conhecimento de que muitas dessas transações se perderam em função da ausência daqueles que as projetaram segundo suas demandas. Prova cabal de que o conhecimento não foi compartilhado.

2. PESSOAS MOVEM NEGÓCIOS

Toda empresa depende das pessoas que a compõem. Mesmo aquelas altamente tecnológicas dependem do talento de quem desenvolveu os algoritmos que estão por trás do funcionamento do empreendimento. O foco aqui é garantir inspiração às pessoas que fazem parte do seu time.

Em *Vá e vença*, Paulo Storani menciona as características de três gerações distintas hoje inseridas no mercado de trabalho. A geração X, que nasceu nas décadas de 1960 e 1970, teve como objetivo profissional um emprego público e viu surgir o computador pessoal, o celular e a internet. Tem como característica profissional o cumprimento de procedimentos, e seu sucesso é caracterizado, em grande medida, pelo tempo de serviço. Foi nessa geração que as mulheres começaram a assumir o protagonismo na família.

A geração Y compreende os nascidos nas décadas de 1980 e 1990, na transição do mundo analógico para o digital. O período é marcado por videogames, computadores e outras tantas facilidades e meios de interação proporcionados pela tecnologia. A internet já passa a ser grande fonte de informação para essa geração. No mercado de trabalho, seus representantes são movidos a desafios e interagem em múltiplas tarefas. A evolução no emprego e no salário, para as pessoas dessa geração, é desejada de forma rápida.

Por fim, a geração Z, representada pelos nascidos entre os anos de 1992 e 2010, chega numa realidade de mundo em que não se concebe a vida sem a internet, *smartphones* e redes sociais. Seus representantes nasceram no mundo globalizado e estão permanentemente conectados. Tem como características a flutuação entre postos de trabalho e a indefinição quanto à formação universitária. Há neste momento a ascensão de novas formas de trabalho, como o *home office*, e profissões vinculadas às mídias sociais.

O grande desafio é conseguir atender a essas diferentes gerações e às sucessoras, compreendendo as peculiaridades e a construção social de cada uma, buscando mantê-las inspiradas e garantindo um bom diálogo entre as mesmas.

Encontrei a resposta para essa questão no livro intitulado *Previsivelmente irracional*, de Dan Ariely. A obra aborda a denominada economia comportamental e defende a tese de que o comportamento do homem é previsivelmente irracional, como sugere o próprio título. O autor dedica todo um capítulo a retratar o peso das chamadas normas sociais nas escolhas humanas.

As normais sociais "são os pedidos amistosos que fazemos uns aos outros", diz Ariely, e se contrapõem às normas de mercado. Estas não têm nenhum vínculo afetivo e estão ligadas às práticas usuais em que as relações estão pautadas pelo lucro, o pagamento de salários ou honorários pelos serviços prestados etc.

Assim, temos do lado das normas sociais elementos que envolvem aspectos mais emotivos, em contraponto às normas de mercado que versam sobre outras questões bem pragmáticas.

Entre as inúmeras pesquisas realizadas e descritas ao longo do seu livro, Dan Ariely se vale da narrativa de uma proposta apresentada a três diferentes grupos de pessoas para realizar determinada atividade. Dois desses grupos foram recompensados financeiramente, um mais do que o outro, e o terceiro realizou a atividade atendendo a um pedido de cunho social.

Os números obtidos por ele ao longo do experimento indicam que o desempenho daqueles que estiveram ali apenas cumprindo um papel social foi superior a ambos os grupos que foram remunerados para realizar a mesma atividade. Certamente, porém, o grupo que foi mais bem remunerado teve rendimento acima do que recebeu menos pelo cumprimento da atividade.

Ariely também menciona a realidade imposta pelas normais sociais no contexto do mercado de trabalho e sentencia, com base nos experimentos que realizou, que o dinheiro pode ser um motivador de mais curto prazo, mas, ao longo do tempo, o mais importante são as normas sociais.

Este é, portanto, o ponto mais importante a ser abordado aqui. Entender que questões meramente financeiras, ou melhor, regidas pelas normas de mercado, dentro do novo contexto social, têm um limiar de alcance e uma perspectiva de curto prazo. Isso, no entanto, não desmerece a importância da questão salarial e das normas de mercado no contexto da gestão empresarial.

Atualmente, são cada vez mais raros os casos de pessoas que iniciam a carreira em determinada empresa e se aposentam nela, algo bastante comum na geração X. Já experimentamos um momento na história em que os funcionários de pequenas empresas criavam laços com seus patrões e vice-versa, com o relacionamento se estendendo além da mera relação trabalhista. Por um período, aqueles que conseguiam uma ocupação em grandes corporações gozavam de *status* e prestígio social que os "prendiam" à empresa em que atuavam. Caracterizaria um ato de rebeldia abrir mão de ser funcionário de determinada empresa que lhes emprestava até o nome. Era comum referir-se às pessoas mencionando as empresas, como se fosse um sobrenome, principalmente nos pequenos espaços urbanos — por exemplo, na minha cidade natal, costumávamos dizer "Fulano, da empresa X". Essa identificação e senso de pertencimento mudaram, e vêm se transformando na mesma velocidade com que evoluem os sistemas computacionais e com que circulam as notícias na internet.

As gerações Y e Z exigem respostas aceleradas e são afeitas a desafios que não são recompensados apenas pelo dinheiro. Nesse sentido, suas realizações profissionais se distanciam cada vez mais do sucesso meramente financeiro. Hoje são comuns histórias de pessoas que gozavam de cargos de alta relevância e eram extremamente bem remuneradas, mas que estão abandonando a carreira em favor de uma nova condição muito mais intimista e que lhes ofereça um novo patamar na sua qualidade de vida, medido por questões sociais.

Poder acompanhar a criação dos filhos, conseguir manter hábitos mais saudáveis ou estar próximo à natureza, por exemplo, são elementos que ganharam nova importância e já nos fazem encarar novos ambientes corporativos e arcabouço legal, como é o caso do regime de teletrabalho, no qual as atividades são realizadas pelo colaborador, em sua maioria, fora da estrutura física da empresa. Daí deriva a função do *home office*, em que as atividades são desempenhadas de casa.

Entendo que o sucesso no ambiente de trabalho tem se distanciado cada vez mais do resultado meramente financeiro, mas isso não exclui a relevância de se ter um ambiente marcado pela meritocracia, que atende à perspectiva das normas de mercado. As pessoas ganham cada vez mais consciência de seu papel social, mesmo no contexto capitalista do mundo moderno. É dentro desse cenário que foi cunhada a expressão "empreender com propósito".

O que tenho enfatizado nos últimos parágrafos contraria uma história que ouvi e costumo repetir, de maneira irônica, ao falar dos elogios que costumamos receber quando alcançamos algum objetivo no ambiente corporativo. Nessas situações, sempre me recordo de um amigo que costumava me interpelar com a seguinte frase: "A minha parte pode mandar em dinheiro, por favor".

Meu desejo aqui, no entanto, é destacar que, independentemente da força da marca, posição de mercado da empresa em determinado segmento ou remuneração oferecida, já há quem apresente objeção em aceitar um emprego em função do propósito institucional dos serviços e/ou produtos comercializados.

Essa é uma das consequências das mudanças na estruturação social. Entre outros tantos aspectos, a preocupação com as questões ambientais, por exemplo, não visa apenas a uma melhor imagem de mercado, mas é também uma forma de conseguir atrair o interesse de uma nova geração de trabalhadores.

EMPREENDER COM PROPÓSITO

Acreditar que a função de uma empresa se restringe a gerar lucros é semelhante a achar que nosso objetivo de vida se limita a ganhar dinheiro. Obviamente, não quero negar que possam existir pessoas ou empresas que ajam e se sustentem pautadas exclusivamente pelo objetivo financeiro, mas acredito e busco viver em função de questões que vão além dos aspectos monetários.

Uma empresa deve cumprir um propósito, um papel social, até para justificar a sua existência — caso contrário, sua atuação seria desnecessária. É esse propósito que contribui para o fortalecimento das normas sociais e gera estímulo além do financeiro para toda a equipe de uma corporação.

Os objetivos estratégicos — missão, visão e valores — ganham novo patamar de relevância e passam a representar um ativo. A inspiração e a motivação dos funcionários além da questão financeira vêm do propósito extraído das suas atividades na empresa.

Aqui é importante retornar ao capítulo anterior, quando tratamos do papel do líder. É preciso que faça sentido e que o colaborador identifique a relação entre aquilo que a empresa apresenta como seus objetivos e valores, e aquilo que é praticado. Senão, não passará do cumprimento de uma formalidade, e talentos serão perdidos.

Aqueles que têm um propósito claro de vida, por vezes, vivenciarão situações que os farão abrir mão de certas conveniências e sair de zonas de conforto. A zona de conforto a que me refiro aqui pode ser o próprio posto de trabalho, que nesse caso representaria a única fonte de renda, por exemplo. No entanto, as forças de caráter não os deixam confortáveis ao vivenciar determinadas situações contrárias a princípios pessoais.

Se muitos têm dificuldade de saber aquilo que querem ser na vida, compreendem facilmente o que não querem ser ou práticas e comportamentos que repudiam. Assim, entendo que aquilo que não se almeja para o ambiente de trabalho é mais facilmente percebido do que aspectos que podem se tornar atrativos para uma empresa.

> Imagine uma situação em que você atue no financeiro de uma empresa e que chegou um pagamento envolvendo milhões de reais, que não condiz com o estabelecido em contrato. Seu chefe o pressiona a processar rapidamente o pagamento, mesmo contrariando os ritos legais e procedimentos da empresa. Não quero entrar no mérito do assédio caracterizado aqui ou da ausência de princípios daquele que exerce a liderança, mas o fato é que, mesmo que custasse meu emprego, eu não colocaria minha digital num pagamento como esse.

Ter um bom plano de cargos e salários, apresentar condições de remuneração variável em função da conquista de objetivos e metas estabelecidas são obrigações de uma empresa nos dias de hoje. Ter salário compatível com o mercado, também. É o mínimo dentro da perspectiva de meritocracia. O diferencial vem do propósito e dos porquês oferecidos aos seus talentos, que os inspiram muito além do patamar das questões financeiras.

Fazendo um paralelo com o que defendeu o psicólogo Viktor Frankl em seu livro *Em busca de sentido*, se tivermos um propósito muito claro e desafiador no negócio em que atuamos, os "comos" — salários e condições de trabalho, por exemplo — acabam com um papel secundário.

> Em uma entrevista realizada com o executivo da empresa como parte de um processo seletivo para o programa de estágio, uma das perguntas dirigidas ao candidato versava sobre em que medida a função social da empresa poderia influenciar o desejo de fazer parte daquele time. A vaga era confidencial e, quando questionaram se haveria algum tipo de empresa de que ele não se interessaria em fazer parte, a resposta foi que ele não gostaria de trabalhar em empresas que produzissem cigarros. Como se tratava justamente de uma empresa do segmento, ele acabou perdendo a oportunidade, mas seguiu tranquilo com a sua consciência.

CONTRATE VALORES, QUALIFIQUE COMPETÊNCIAS E HABILIDADES

As competências e habilidades podem ser treinadas e condicionadas ao longo do tempo, mas não se muda o caráter de alguém. Quando menciono as competências e habilidades não me restrinjo às de caráter técnico, refiro-me também às habilidades comportamentais, que são como um grande diferencial. Aliás, as habilidades comportamentais têm ganhado cada vez mais representatividade ante a formação tradicional a que estamos habituados.

Já se foi o tempo em que fazer constar no currículo a formação em uma grande escola ou ter passado por grandes empresas eram prerrogativas básicas. Hoje um processo de seleção contempla uma definição clara das habilidades necessárias e o grau de maturidade exigido para o cargo, em função da tomada de decisões.

Não desejo, com isso, negar a relevância da capacidade técnica, mas ressaltar que os valores devem ser colocados sempre em primeiro plano. Outro aspecto relevante é compreender que ninguém será capaz de alcançar grandes resultados sozinho e, portanto, é preciso dar protagonismo às pessoas. Toda relação interpessoal envolve confiança, daí a relevância do caráter e da identificação com os valores da empresa.

Se o objetivo de um líder é conduzir sua equipe a alcançar resultados da maneira correta, ter nela um membro que demonstre atitudes repudiáveis pode representar um grave problema. O fato de ele estar alcançando resultados pode ser percebido de modo positivo e, por consequência, servir de estímulo para outros colegas agirem de forma inadequada.

Se há alguma dificuldade em explicitar a forma como as metas foram conquistadas, isso é um mau sinal. Devemos prezar sempre para que nossas atitudes não ensejem nenhum tipo de receio em dar publicidade àquilo que foi feito.

Desconfie de colaboradores que tentam a todo custo criar barreiras ao entendimento das atividades que desempenham. Desconfie também daqueles que nunca querem se afastar do trabalho, mesmo nos períodos de férias e/ou licenças médicas. As férias são garantidas pela legislação trabalhista vigente, e o afastamento médico é uma questão de saúde. Quem prescinde daquilo que é colocado como um direito deve, no mínimo, ser percebido de maneira curiosa.

Essas questões podem estar relacionadas à insegurança e ao desejo de sentir-se útil e imprescindível à empresa, mas o receio também pode representar algo muito pior. Em alguma medida, a presença forçada no ambiente de trabalho é, às vezes, uma forma de esconder fragilidades ou descumprimentos de rotinas e procedimentos estabelecidos, que podem estar vinculados a processos fraudulentos.

A presença do colaborador a todo instante e a todo custo pode ser uma forma de blindar a oportunidade que lhe está sendo concedida por fragilidades nos procedimentos. Assim, ele tenta garantir a continuidade do processo delituoso. É por isso que situações como as mencionadas acima requerem bastante atenção e cuidado.

Nesse quesito, também se faz necessário analisar o grau de envolvimento dos colaboradores com prestadores de serviço ou parceiros do negócio, bem como sinais que apontam para uma mudança no patamar de poder aquisitivo.

Embora sejam fundamentais, os resultados não podem estar acima dos valores propagados pela empresa. Nesse sentido, os fins em nenhuma hipótese podem servir de justificativa para os meios.

> Numa concessionária, um vendedor já tinha batido sua meta do mês. Nos últimos dias, ele retardou o encaminhamento da documentação para concretização dos negócios realizados e dificultou a negociação de outras potenciais vendas, de modo que pudessem compor sua meta do mês seguinte. Comportamentos como esse permitem que o vendedor sempre alcance as suas metas, mas claramente contrariam os interesses da própria loja.

Toda a história narrada anteriormente, versando sobre a coerência nas atitudes, pode ser replicada aqui, bem como a ideia de que o conhecimento deve ser compartilhado na organização. O *know-how* é resultado da prática ao longo do tempo e, havendo um ambiente propício à difusão do conhecimento, só não se condicionarão tecnicamente aqueles que não manifestarem interesse ou predisposição em saber. Haverá ainda, é claro, casos decorrentes de baixa capacidade intelectual.

A precisão no tiro que concede a posição de atirador de elite a um policial é consequência de um volume intenso de treinamento e de repetição de uma situação que nunca será exatamente igual, mas que tem semelhança com os demais tiros realizados. Portanto, a habilidade, além das características e qualificações pessoais, está condicionada ao treinamento.

Nesse tocante, há uma ressalva a ser feita, a qual carece de ser interpretada de maneira bastante cuidadosa por aqueles que a leem. O fato de devermos dar prioridade aos valores não significa que podemos prescindir da necessidade de demitir aqueles que não geram valor à empresa.

As oportunidades para capacitação e qualificação para o exercício da função que ocupam têm que ter prazo. A insistência em manter alguém que não consegue desempenhar sua função de maneira adequada também pode colocar em risco o desempenho da corporação, a médio ou longo prazo, em face do mau exemplo que representa dentro do ambiente de trabalho.

É preciso ter clareza de que a vida é feita de ciclos — e, tal qual uma admissão é necessária, o processo de demissão também tem seu momento. Lembre-se de que quem é soberano em todos os casos é a empresa. A corporação deve se perpetuar, e as pessoas sempre passarão.

Outro ponto relevante a ser destacado aqui é que a habilidade é a destreza com que conseguimos desempenhar uma determinada função. Ela não pode estar presa ou amarrada à formação acadêmica, e sim às características exigidas de quem desempenha determinada atividade. Isso conversa em muitas oportunidades com as inspirações e motivações que damos às nossas vidas.

A título de exemplo, um jornalista que tem aptidão para análises estatísticas e um bom raciocínio lógico não pode ser desconsiderado para uma vaga que exija tais habilidades meramente por não estar diretamente ligada ao seu campo de formação. É e será cada vez menos exigida a formação formal em detrimento de habilidades e competências práticas para as funções que carecem de ser ocupadas. Todo conhecimento teórico só tem efeito quando se traduz em resultados práticos, daí a importância de dar espaço para que os colaboradores possuam voz dentro da organização, pois o momento de vida, os interesses e as capacidades não se limitam à área de formação acadêmica.

Num momento de reestruturação, prescindir de alguém em determinada função não necessariamente é abrir mão do colaborador dentro do contexto da organização. O profissional pode ser realocado em outro cargo, para o qual possua as habilidades necessárias, em detrimento de outro colaborador, cuja função tenha sido preservada na estrutura funcional, mas que seja menos qualificado.

> Um gerente de uma agência bancária desconfiou de determinada colaboradora que, mesmo nos dias de férias, fazia questão de visitar a agência, em função do alto grau de afetividade que mantinha com o seu ambiente de trabalho e seus colegas. Essa história parecia romântica, mas a verdade é que ela precisava estar presente para ocultar a fraude que vinha executando através de movimentações financeiras em contas de clientes da sua carteira.

Não se esqueça de que a empresa é sempre soberana, e somos todos passageiros. Nada nem ninguém podem tirar o protagonismo que deve ser dado à companhia, e cada colaborador deve ser percebido dentro dela como consequência daquilo que é capaz de construir no ambiente coletivo.

NUNCA PERCA O SENSO DE HUMANIDADE

Há pouco, escrevi que devemos compreender a demissão como algo necessário para a perenidade da empresa. Em muitas oportunidades, insistir em determinadas pessoas pode trazer consequências para a saúde financeira da companhia, criar um ambiente de trabalho ruim e representar problemas para toda a comunidade em torno da corporação. Como diz o ditado, é melhor perder o dedo do que a mão.

Isso não deve, no entanto, fazê-lo esquecer o senso de humanidade. Sob nenhuma hipótese devemos perder de vista a ideia de que lidamos com pessoas, com seres humanos. Poucas pessoas têm a grandeza de reconhecer a necessidade de sua demissão ou até mesmo as chances que lhe foram dadas e desperdiçadas. Mas esse não deve ser o seu parâmetro na hora de tomar uma decisão. Não espere reconhecimento. Preserve sua consciência e, diante das circunstâncias, cumpra rigorosamente aquilo que gostaria que fosse feito consigo próprio.

Na relação trabalhista, não é preciso buscar desculpas ou tentar justificar tudo aquilo que é necessário fazer. Em muitos momentos devemos apenas agir, acreditando na análise fria dos dados ou na própria intuição, quando não for possível uma análise mais técnica, na certeza de que a medida está sendo tomada em nome de algo maior: a empresa e toda a comunidade que gira em torno dela.

Todo processo de ruptura, de fim de ciclo, é doloroso — e sempre será assim. Adoramos nos reinventar a cada recomeço, mas não nos preparamos bem para os fins de ciclo que fazem parte de nossa passagem pela vida. Acredito que você também deve ter essa dificuldade e aqui, mais uma vez, tento reforçar a ideia de que existe um porquê, toda uma comunidade que depende do sucesso e da continuidade da empresa.

Por maior que seja a companhia, as pessoas se conhecem, e as informações circulam cada vez mais rápido. Os gestos de incoerência têm um impacto muito maior e se tornam emblemáticos. Por isso, procure sempre dar exemplos que sirvam de estímulo. Não se prenda ao coleguismo.

Os reconhecimentos devem estar atrelados às conquistas e aos méritos do seu desempenho na carreira. De igual modo, as práticas negativas devem ser prontamente combatidas a fim de se criar um ambiente propício de trabalho.

> Certo líder acreditava que todos aqueles que eram considerados aptos à promoção deveriam passar num teste ao receber uma carga maior de trabalho e responsabilidade. Receber novas atribuições era a condição basilar para a promoção e todos ficavam predispostos e animados, por compreenderem bem o propósito. Tinham a convicção de que mais trabalho e mais responsabilidade certamente trariam reconhecimento num segundo momento. Nesse time, o desejo era por novas atribuições e responsabilidade.

O ciclo de uma colaboradora estava próximo do fim, e a área de recursos humanos já havia sido informada da necessidade de sua demissão. Nesse intervalo de tempo, tomou-se conhecimento da notícia de que a colaboradora a ser desligada estaria com um procedimento cirúrgico agendado. A colaboradora foi demitida da empresa, mas não sem antes a equipe de recursos humanos certificar-se da veracidade da notícia. A informação não se confirmou, mas realizar o desligamento às vésperas de um procedimento médico — diante de todas as complicações emocionais que poderia trazer e até mesmo eventuais implicações no uso do plano de saúde — não representaria, afinal, um gesto de humanidade.

3. METAS QUE INDICAM AONDE SE QUER CHEGAR

As metas de uma empresa se refletem nos problemas bons, ou seja, no *gap* de conhecimento que deve ser alcançado em nome da melhoria nos resultados. Retratam, portanto, o objetivo final, não a maneira como se almeja alcançar algo. Estabelecer uma meta indica o quanto é necessário caminhar para alcançar o novo patamar que se deseja.

Vicente Falconi[10] costuma dizer que "gerenciar é atingir metas, é resolver problemas". De fato. A rotina de um gestor está pautada no gerenciamento de problemas, com vistas a atingir os resultados desejados. O bom gestor tem sempre que tirar seu time da zona de conforto, visando a lógica da melhoria contínua.

---

10. Graduado em Engenharia pela Universidade Federal de Minas Gerais (UFMG) e doutor em engenharia pela Colorado School of Mines, é professor emérito da UFMG e fundador da Falconi Consultores de Resultado, além de autor de vários livros na área de gestão empresarial.

Problemas bons representam os desafios apresentados pelas lideranças de olho no processo de melhoria contínua. É preciso usá-los para garantir que a empresa não fique parada no tempo e seja ultrapassada pelos concorrentes; eles são como barreira para o surgimento de novos entrantes ou negócios que impactam sua atividade.

É preocupante quando essa atuação gerencial se dá apenas com vistas a resolver situações controversas na realização de tarefas usuais. Já comentamos anteriormente que os maus exemplos podem ruir toda a estrutura organizacional e devem ser tratados de maneira incisiva.

Nosso foco aqui, no entanto, é entender como as metas ou os problemas bons podem ser utilizados como instrumento de gestão. Comentaremos sobre a inquietação que deve pairar numa gestão ciente de que há sempre algo a melhorar.

Desconfie de quem diz que não há problemas. Esteja consciente de que não existe perfeição e não se pode deixar de reconhecer a velocidade com que a estrutura social tem mudado e as consequências que isso pode trazer para o negócio.

Em muitas oportunidades, a célebre frase "sempre foi assim" pode ser usada. Mas o mundo mudou e segue num intenso ritmo de transformação. Colocar-se na condição de olhar para o que já deu certo, sem compreender as transformações que o mundo vem enfrentando, é o passo mais firme que uma empresa pode dar rumo à ruína.

Não é porque algo já deu certo que repetir as mesmas rotinas garantirá a manutenção dos grandes resultados — mesmo que isso tenha colocado a empresa na posição de liderança no segmento. O capitalismo é marcado por bolhas e grandes *booms* que modificam todo o contexto de um mercado de tempos em tempos. Como venho insistindo, a transformação do mundo é cada vez mais veloz.

> As mídias sociais e a internet permitem que empresas de pequeno porte tenham acesso ao mercado em todo o território nacional, algo impensável alguns anos atrás. A internet também permite aos consumidores fazer pesquisas de preço num clique. Isso certamente abre espaço para o incremento da concorrência que pode surgir em todo o território nacional ou até em escala mundial, em curtos espaços de tempo, a depender do segmento. Mexa-se.

Quando estamos habituados a certas rotinas e de alguma forma as situações têm sido favoráveis, acabamos nos acomodando em não mudar. Isso pode nos levar a "fechar os olhos" para situações que não são plenamente favoráveis àquilo que buscamos. Nesses casos, não é por dolo ou má-fé, mas pelo fato de a situação já ter sido incorporada ao procedimento, mesmo que não esteja descrita daquela maneira no normativo.

Imaginemos que não existem os problemas aqui classificados como ruins, em função do bom controle exercido sobre a rotina laboral para o cumprimento dos procedimentos; mesmo assim, os problemas bons nunca podem deixar de ser estimulados. Toda grande transformação parte de um questionamento, de um desejo de descoberta. As empresas e as pessoas precisam se reinventar a todo instante. A transformação é uma condição imperativa no mundo de hoje. Devemos estar conscientes da necessidade de evolução contínua e trabalhar nossa capacidade de repensar nosso ambiente e os problemas com os quais nos confrontamos.

Informações com base estatística ou que possam ser representadas em números são sempre a melhor forma de compreender os resultados alcançados, mesmo em situações que não estão diretamente ligadas a algo concreto e palpável. Para as questões subjetivas, devem ser criados parâmetros de modo que possam ser percebidas de forma objetiva. Por exemplo, a satisfação do cliente pode ser analisada com base em uma pesquisa de avaliação, mesmo diante de todas as vulnerabilidades que análises como essas possam carregar.

A estatística e os números também podem ser manipulados. É preciso compreender a fragilidade de cada um dos indicadores. Deve-se buscar uma forma mais consistente de mensuração dos dados, a fim de evitar graves distorções, para que o objetivo central da empresa seja cumprido.

Reforço que, para alcançar os resultados almejados pela empresa, é necessário o envolvimento de diferentes áreas e não pode haver conflito na tratativa da mesma questão entre elas. As áreas e o funcionamento da empresa não podem ser compreendidos de maneira dissociada. A empresa é única e deve ser tratada como tal. As métricas e os objetivos de determinada unidade devem estar interligados aos das demais, para que juntas possam atingir os objetivos da corporação.

O interesse era medir quão eficiente era o processo de compras de determinada empresa. A área de suprimentos usava como parâmetro o prazo médio de contratação. Outra unidade tratava de forma binária: se cumpriu o prazo, era pontuado; caso o prazo não fosse cumprido, perdia-se a pontuação. Ao final esperava-se que certo percentual de contratações fosse realizado dentro do prazo estabelecido. Como devem ter percebido, essa diferença na forma de tratar um objetivo, uma meta, pode deturpar todo o interesse da organização. A área de maior relevância dentro do processo de compras utilizava como parâmetro o prazo médio, e isso, de certo modo, permitia a ela burlar o sistema. Afinal, como a média é calculada com base na soma de todos os prazos dividida pelo total de processos de aquisição, caso dessem prioridade e celeridade às solicitações mais recentes, o indicador sofreria sérias distorções e poderia enquadrar-se dentro dos limites estabelecidos como aceitáveis. Acontece que o interesse da organização é que os processos de compras aconteçam todos dentro do prazo estabelecido. Mas, da forma como ficou definido, mesmo que a área de suprimentos cumpra a meta indicada pelo seu objetivo corporativo, os interesses da empresa não estão sendo atendidos. A maneira como a outra unidade tratou o assunto era uma condição muito mais assertiva e ia ao encontro dos interesses da corporação.

As transformações não podem, nem devem, acontecer de maneira abrupta, pois, mesmo quando se está caminhando no sentido positivo, carregam uma série de implicações. Contudo, pode haver casos extremos em que, dada a especificidade, as medidas a serem tomadas também devem ser extremas. Relembro a ideia de que o líder deve ser político e dosar a força com que deve atuar, de acordo com as implicações que a ação representar.

Jim Collins defende o que chama de Marcha das Vinte Milhas, ilustrando o compromisso de melhoria consistente e constante. Exigir demais num determinado momento pode obrigar a segurar um pouco o ritmo mais adiante. A título de ilustração: dobrar o faturamento irá gerar implicações no volume de capital aplicado para o giro do negócio, o que pode trazer sérias consequências para o fluxo de caixa. Em contraponto, quando se perde metade do faturamento não dá para acreditar que é possível ir reduzindo a estrutura de custos de maneira gradual. Aprofundaremos essas questões um pouco mais adiante.

Todo o direcionamento da atuação da empresa precisa ser medido, de modo que se possa acompanhar a evolução dos indicadores. Além de permitir a comparação, guarda-se um histórico de comportamento que também pode ser bastante útil para a tomada de decisões. Por mais que não exista a garantia de que as situações irão se replicar à semelhança do que aconteceu historicamente, essa informação se coloca ao menos como um parâmetro entre os elementos que podem ser analisados.

A definição de metas retrata os objetivos finais, o prazo e, se analisarmos o rebatimento orçamentário, o valor a ser despendido para alcançar aquilo que se almeja. Acredito na tese de que o mais importante é sempre dar o primeiro passo. Ter clareza sobre aonde se pretende chegar e iniciar a jornada é o ponto crucial.

O primeiro passo é a identificação do problema, que nem sempre será uma tarefa fácil. Muitas vezes um olhar externo, por meio de consultoria, é necessário, pois determinadas atividades e processos já se tornaram tão habituais que nem sequer são objeto de análise internamente. Sabe aquele sofá velho, todo manchado, que você tem em casa? Para você, que já está habituado à existência dele ali e sente-se confortável ao sentar nele, não há nenhum estranhamento diante da sujeira, mas, certamente, ele não passará despercebido aos olhares de uma visita que você receba casualmente em sua residência.

FOCO E PERSPECTIVA

É preciso ter uma perspectiva sobre o que é essencial e o que converge diretamente para as metas traçadas para o médio e longo prazo. Nesse aspecto, duas questões podem ser destacadas: a falta de foco e o tratamento de questões supérfluas.

A falta de foco se dá quando, mesmo já tendo entendido o caminho a ser seguido para alcançar melhores resultados, o líder acaba se desvirtuando no meio do caminho. Isso merece bastante atenção, pois, em economia, aprendemos desde o início que devemos sempre fazer alguns questionamentos básicos em nosso dia a dia, entre os quais: "O que fazemos hoje que não fará sentido amanhã?" e "O que não fazemos hoje que fará sentido amanhã?".

Portanto, quando abordo a falta de foco, não estou falando das ações com vistas a atender questões vinculadas à própria dinâmica do mercado — afinal, nos tempos de hoje, as transformações acontecem em ritmo bastante acelerado e é preciso tentar se precaver dos movimentos que estão ocorrendo. É prejudicial a insistência em produtos ou serviços que comprovadamente não dão resultado ou em questões que exigem muito esforço em detrimento do resultado.

Essa falta de foco, além da perda de tempo e do esforço em produtos e serviços mais rentáveis, também pode resultar em dispêndios desnecessários, como se os mesmos representassem investimento.

> Uma empresa atuava como franquia de uma gráfica, produzindo fachadas e comunicação visual de empresas. Havia uma demanda considerável para se produzir materiais gráficos monocromáticos, assim como prontuário médico, notas fiscais etc. Todos esses eram produtos de baixíssimo valor agregado, ainda mais quando comparados à rentabilidade das fachadas confeccionadas. O fato é que, em vez de reter recursos para o giro do negócio de fachadas ou até mesmo para novos investimentos na área, foi feito um investimento no sentido de internalizar a produção dos materiais monocromáticos. Era um investimento considerável diante do volume de negócio associado, nunca deu retorno e em questão de dias, isso mesmo, dias, o maquinário estava encostado e a empresa, à procura de alguém que quisesse comprá-lo.

Discorrer sobre aquilo que chamei de questão supérflua também exige bastante cuidado, pois uma mesma iniciativa pode ser considerada supérflua ou relevante, em função apenas do marco temporal.

Não há uma "receita de bolo", mas vou usar, a título de exemplificação, a reforma da sala dos executivos da empresa. Se realizada em um momento em que não há exigência de esforços financeiros para o funcionamento do negócio, pode ser relevante, mas fazer uma suntuosa reforma em meio a dificuldades no caixa pode ser uma iniciativa extremamente danosa. Seria um péssimo exemplo para o momento que a empresa está vivendo.

Como define Vicente Falconi, os problemas devem ser sempre estratégicos, devendo fazer parte de um planejamento com vistas a atender aos interesses dos acionistas, clientes, colaboradores e da sociedade.

METAS FACTÍVEIS, PORÉM OUSADAS

Assim como em nossa vida pessoal, se as metas almejadas forem percebidas como inatingíveis, o efeito será o contrário do desejado: em vez de terem um estímulo positivo, os colaboradores tenderão a relevar e abdicar de todos os aspectos vinculados àquela atividade.

De modo análogo, se forem facilmente cumpridas, a atenção e o envolvimento também não serão os esperados. É preciso definir lacunas de conhecimento que possam ser entendidas como alcançáveis, mas que necessitem de um alto nível de envolvimento dos colaboradores. Vale salientar, porém, que a percepção do que é possível não pode se restringir ao pensamento da alta liderança e deve ser construída junto daqueles que operacionalizarão as rotinas para que aquela meta possa ser alcançada.

Quem de fato age para que a meta se efetive é a base funcional, não as lideranças de uma empresa. A vivência da liderança na rotina de trabalho, porém, ajudará bastante nesse quesito — afinal de contas, é mais fácil tratar das questões com as quais temos envolvimento e certo grau de intimidade.

Portanto, as metas devem representar uma perspectiva positiva de futuro, um novo momento da vida da empresa, visando à melhoria contínua e a um ambiente de excelência.

A melhoria é um processo contínuo, e as transformações que devem acontecer de maneira mais abrupta precisam ser compreendidas como algo excepcional. Uma vez que tratamos as metas como um avanço em termos de conhecimento, perdoem-me a expressão, mas eu costumava ouvir de um professor que conhecimento não é supositório, tampouco um comprimido, para ser absorvido tão rapidamente.

Em alguma medida, o *feeling* do gestor pode ser necessário para encontrar a dose certa da meta a ser estabelecida. O fato é que, em nenhuma hipótese, deve ser percebida como inatingível ou algo já dado.

> Imagine uma empresa cujo objetivo de arrecadação é de 101%, ou seja, será necessário não apenas garantir que não haja inadimplência, mas ir atrás de ganhos com juros e multas. Considero que uma meta como essa pode facilmente provocar um efeito adverso.

AS METAS DEVEM TER PRAZO ESPECÍFICO E TER RESPONSABILIDADE BEM DEFINIDA

Caso não haja um prazo definido para o cumprimento da meta, as atividades podem ser proteladas indefinidamente e serão sempre deixadas em segundo plano. É importante compreendermos que perder tempo pode representar um custo muito alto à empresa. Lembre-se: o mundo muda de forma cada vez mais acelerada.

Gerir o tempo é definir prioridades. Vale a máxima de que quem tem muitas prioridades, na verdade, não tem prioridade alguma. O tempo é um fator sobre o qual não conseguimos exercer domínio, senão pelo controle que podemos ter sobre as atividades que nós próprios desenvolvemos. Agir no tempo adequado é extremamente relevante.

Costumo dizer que, de todas as consequências trazidas pelas revoluções industriais para a sociedade, a mais importante é a ideia da noção de tempo. Com um ritmo cada vez mais acelerado, ter a resposta no tempo adequado é mais do que necessário. Situações que demandavam grandes espaços temporais, hoje são resolvidas em questão de segundos.

Antes de qualquer coisa, é preciso ser possível a assunção da responsabilidade direta. A meta deve ser atribuída à função desempenhada e, assim, associada àquele que ocupa a referida atribuição — não só para que haja claramente alguém a cobrar por tal objetivo, como para que a própria pessoa compreenda exatamente as suas obrigações perante a empresa.

Quando não se tem clareza quanto à responsabilidade para se conquistar um determinado objetivo, é comum haver um jogo de empurra em que um fique aguardando pela iniciativa do outro. Em geral, as pessoas julgam suas atribuições como mais relevantes que as dos demais e, em situações que deixam a desejar, acabam creditando sempre a responsabilidade da meta ao colega. Fato é que isso pode acabar sacrificando os interesses da própria empresa.

> Uma empresa passava por um momento de reestruturação no mesmo período em que ocorria a definição dos objetivos individuais, como desdobramento dos objetivos corporativos da empresa. Não havia ainda uma definição clara da função de determinado colaborador, que vinha atendendo às solicitações de dois gestores. Ao questionar a situação a um deles, ouviu a célebre frase: "Cachorro que tem dois donos morre de sede".

AS METAS TRAZEM APRENDIZADO

Entendendo as metas como problemas bons que são criados em busca da excelência, quando cumpridas, elas devem representar a incorporação de conhecimento, de *know-how*.

Todo conhecimento adquirido só tem sentido se apresentar algum resultado prático, devendo, portanto, haver um beneficiário daquilo que foi feito — nesse caso, a melhoria das rotinas ou produtos desenvolvidos pela empresa.

Conhecimento é uma construção individual ou coletiva e, para que os objetivos da empresa sejam alcançados, é preciso ter o envolvimento de todas as áreas. Essa interdependência sempre existirá, a empresa é una.

Conquistar uma meta de redução dos custos em determinada etapa do processo produtivo, por exemplo, significa que um novo patamar de qualificação para execução daquela etapa foi alcançado. Esse conhecimento deve ser difundido pela empresa por meio de treinamento dos colaboradores, tomando aquele novo grau de *expertise* como um *benchmark* interno.

A rotina de execução de um processo se repete ao longo do tempo. Como já escrevi em outro momento, mesmo que as situações nunca sejam exatamente iguais, guardam semelhanças entre si, e a rotina nos coloca numa condição mais confortável para lidar com os problemas com que nos deparamos no ambiente de trabalho.

Quando se estabelece uma meta, fica intrínseca a ideia de que novos conhecimentos devem ser adquiridos para execução das atividades ou para atingir o nível de qualidade dos produtos. Isso vai ser buscado ao longo do período que foi definido para aquele objetivo ser alcançado.

Tal conhecimento pode ser alcançado internamente, pela própria equipe, como pode ser também a partir de um ente externo por meio de treinamento ou da realização de uma consultoria. Nesse tocante, é importante relatar que, quando esse conhecimento vier com o auxílio de uma consultoria, será preciso fazer com que as habilidades e o entendimento sejam incorporados em grande medida pela equipe interna da empresa.

Costumo dizer que, de tão acostumados às rotinas, perdemos a capacidade de fazer a crítica necessária. Nesse contexto, a percepção de uma pessoa externa pode ser extremamente benéfica, já que, além de não estar habituada às rotinas, não há o envolvimento emocional com colegas ou situações.

O trabalho de um consultor exige uma definição clara do seu escopo e dos objetivos da organização para que não haja conflito. É comum essa condição de coleguismo se sobrepor aos interesses da empresa. Por vezes, há o receio de apresentar uma sugestão ao próprio colega, que pode vê-la como uma ameaça à sua função. Já no caso de relatar uma situação à liderança, o medo é que isso possa custar o emprego do colega.

4. FOCO NO CONTROLE DE GASTOS

Vivemos um cenário extremamente competitivo, em que o consumidor tem fácil acesso à informação, permitindo uma melhor análise da relação custo-benefício entre os produtos. Já superamos o momento em que ter um bom produto, por si só, era o suficiente para garantir a venda. Hoje vivenciamos uma fase em que, mais do que isso, é preciso garantir uma experiência agradável em todas as etapas que envolvem o processo comercial e pós-vendas da empresa.

Uma boa experiência alia a expectativa que seu produto/serviço cria no consumidor à medida que essa expectativa criada tenha sido atendida. Não dá, por exemplo, para acreditar que a expectativa que criamos para o atendimento em uma pousada à beira da estrada seja a mesma que para um *resort* cinco estrelas, de modo que encontrar uma barata no quarto tende a provocar níveis de frustração bem diferentes em cada uma dessas situações.

Assim, de agora em diante, quando estivermos comentando a respeito dos gastos da empresa, temos que ter sempre em mente que as escolhas que fazemos devem ser compatíveis não só com a qualidade do produto, mas com a experiência que vai ser proporcionada ao cliente, em função da expectativa que é criada para o seu produto ou serviço.

Cortar gastos, por si só, não é nenhuma dificuldade. A grande ciência está em reduzir os gastos sem que isso impacte o nível de experiência que é proporcionado ao consumidor. Ter consciência de que a fidelização do cliente é muito mais barata do que as novas conquistas deve ser um dos aspectos basilares em um negócio.

É preciso, portanto, ter clareza de que o volume de vendas, especialmente para os casos que estão associados a comercializações recorrentes, a exemplo da relação com um supermercado ou farmácia, está intimamente ligado à experiência do cliente. E garantir um bom patamar de vendas também é necessário para que se obtenha um bom resultado para a empresa.

Tem-se, assim, um cenário em que a busca contínua pela redução dos gastos se coloca como um mecanismo imprescindível para a obtenção de resultados finais favoráveis. Na prática, se o resultado não aparecer, pouca valia tem se o produto possui maior qualidade do que o dos principais concorrentes, por exemplo. A boa qualidade só tem força no negócio se estiver se refletindo no resultado gerado. Mesmo produtos com qualidade entendida como inferior, desde que a destinação ao público-alvo seja adequada, podem gerar resultado melhor.

A relevância de manter-se focado no controle de gastos pode ser explicada por dois aspectos: a forma como se dá a definição do preço e o demonstrativo de resultado de uma empresa.

Definir o preço de um produto não é tarefa fácil, mas certamente é uma atividade de grande impacto no negócio. Isso pode ser percebido não apenas em termos de resultado financeiro, mas também na capacidade de penetração do produto no seu público-alvo. Trabalhar a percepção do público é extremamente relevante, pois compreender com algum grau de precisão o contexto social no qual seus potenciais clientes estão inseridos, bem como os elementos que são capazes de gerar maior valor na percepção dos mesmos, é um grande trunfo para iniciar um negócio de sucesso.

A definição equivocada do preço pode tirar qualquer chance do seu negócio dar certo. Se o foco é se comunicar com as classes mais baixas, praticar preços mais elevados pode impedir qualquer possibilidade de crescimento do negócio. Na outra ponta, a possibilidade de cobrar valores mais elevados está vinculada a uma série de elementos que provoquem a percepção de agregação de valor aos clientes potenciais.

Nós experimentamos uma grande transformação social em decorrência do processo de globalização e da expansão da rede mundial de computadores. Toda essa mudança elevou a concorrência para a maior parte dos negócios e rompeu barreiras espaciais do alcance desses empreendimentos.

Em um mercado altamente concorrido, com nível elevado de acesso à informação e produtos cada vez mais semelhantes, o preço a ser praticado por uma empresa deverá estar fortemente vinculado às práticas já adotadas pelas demais do setor. É fato que há uma série de elementos que podem ser utilizados para efeito de diferenciação do seu produto ou serviço e a força que as marcas podem vir a demonstrar, mas essas são questões que não conseguem se sustentar eternamente.

Nessas condições, a definição por parte do consumidor pela empresa onde realizar a compra terá forte vinculação com o preço. Para se obter capilaridade e conseguir avançar na fatia de mercado, o preço a ser praticado deve ser compatível com a realidade dos concorrentes. Assim, mesmo que não seja o único determinante para o sucesso financeiro de uma empresa, esse fator pode resultar em grandes perdas e até na ruína do negócio. O objetivo nesse momento é buscar maximização do resultado, mas de maneira consistente, que dê condições de reinvestir para crescer e ocupar uma fatia maior de mercado e que proporcione um retorno compatível com o capital e os riscos envolvidos no negócio.

A decisão do preço deve levar em conta: a política de preço dos concorrentes; o valor agregado do produto, que perpassa a análise simplista da qualidade do produto, mas considera também a experiência proporcionada em todo processo de compra e pós-venda; a carga tributária; e a situação econômica de maneira geral.

No mercado concorrencial, a formação do preço tem início no preço praticado pelo mercado. A partir daí, define-se uma remuneração compatível para o capital investido no negócio e chega-se ao nível máximo de custo do produto. Ultrapassar o limite de custo estipulado representa reduzir a margem de lucro, e, analogamente, o rigoroso controle de gastos é que garante margens compatíveis para o negócio.

Em casos nos quais se consegue elevar o grau de diferenciação e especificação do produto, o indicativo do valor que pode ser cobrado está vinculado à percepção de valor dos consumidores. Seguindo essa lógica, busca-se estimar o valor que os potenciais clientes estariam dispostos a pagar por aquele bem ou serviço com base em aspectos intangíveis, e se dá sequência ao entendimento das demais questões que se refletem no preço de um produto.

Assim, poderíamos analisar da seguinte forma: a percepção de valor dos clientes delimita o preço a ser praticado e, posteriormente, considera-se a margem de lucro compatível com a remuneração do capital investido. Assim, se estabelece o custo-meta, consciente de que é preciso atender às exigências da percepção de valor dos clientes. Nesse cenário, é possível obter lucros extraordinários.

A teoria indica ainda uma terceira possibilidade na formação do preço, na qual se seguiria o curso que considero natural. Contempla os custos para elaboração do bem ou serviço, a aplicação de uma remuneração proporcional ao capital investido e, a partir disso, estabelece-se um preço. Mas esse cenário está cada vez mais distante. Há uma imensa dificuldade em conseguir repassar aos consumidores, de maneira direta, os custos de produção, sem que seja percebido um valor decorrente da diferenciação e exclusividade do produto.

Perceba que acabei de relatar três maneiras possíveis de trabalhar a formação de preço de uma empresa. Apenas uma delas oferece maior liberdade para a estruturação do seu custo, embora esteja distante da realidade encontrada no mercado. Nas demais, a lógica de formação de preço está condicionada a um valor entendido como compatível para o mercado, quer seja pelos valores praticados pelos concorrentes, quer seja pela percepção de valor, por parte dos clientes, naquele produto, decorrente da diferenciação.

Acrescem-se à ideia de que o preço já está indicado pelo mercado o fato de que os modelos de negócio são facilmente replicáveis e a velocidade com que se transforma a estrutura social, indicando que a perspectiva de concorrência e a necessidade de transformação são crescentes. Assim, não há como fugir da necessidade de controlar gastos.

Gasto é o conjunto de dispêndios realizados por uma empresa, divididos em: custo, despesa, investimento e perda. **Custos** são os dispêndios vinculados à produção dos itens comercializados. **Despesas** são os dispêndios relativos à gestão administrativa e comercial. **Investimentos** são associados ao incremento dos ativos da empresa, visando ao aumento da capacidade produtiva. **Perdas** são gastos que não geram retorno e não podem ser recuperados pela instituição.

A proposta aqui é retratar a importância do entendimento da estrutura de gastos para o resultado econômico e financeiro. É preciso também compreender quais são os mecanismos utilizados para ganhos no desempenho empresarial.

A outra maneira de compreender a relevância do controle de gastos para o resultado de uma empresa é o Demonstrativo de Resultado (DRE). O DRE traduz o resultado econômico de um negócio e pode ser representado da seguinte forma:

> Receita operacional líquida
> (−) Custo de mercadoria vendida
> (=) Lucro bruto
> (−) Perdas
> (−) Despesas operacionais
> (=) Lucro operacional
> (+/−) Resultado financeiro
> (−) Tributos
> (=) Lucro líquido

A análise nos permite segregar a interpretação dos dados de duas maneiras. Até se chegar ao lucro bruto, a variação se dá de forma linear, ou seja, aumentar as vendas provoca um aumento proporcional no custo da mercadoria vendida. A partir daí, já não há uma relação linear, e qualquer alteração impacta diretamente o lucro líquido.

É preciso então, ter a consciência de que aumentar o volume de vendas é importante dentro do processo, para efeitos de resultados, mas o impacto disso é muito menor do que o controle de gastos, especialmente das despesas operacionais.

Um aspecto relevante com relação ao foco que devemos ter no controle de gastos é o momento de crescimento do patamar de faturamento. O incremento no volume financeiro em circulação na empresa pode gerar uma perspectiva falsa em relação à possibilidade de realização de gastos e ocultar ineficiências. E as consequências disso podem ser extremamente danosas.

Ao assumir novos dispêndios em função do crescimento do nível de faturamento, retomar o patamar anterior da estrutura de custos da empresa pode ser bastante complicado.

Assim, para que possa haver uma compreensão rápida e fácil a esse respeito, a melhor forma que encontrei foi uma analogia com nossa vida pessoal. Imagine o seu salário como o seu nível de faturamento e as despesas pessoais como os gastos realizados para a operação de sua empresa. Pense numa situação em que seu salário tenha dobrado. Você que me lê neste momento pode ser uma exceção, mas acredito que a maioria se reconhecerá na narrativa que passarei a transcrever.

Com o vencimento muito maior, a tendência é elevar a condição de vida, o que em si, não é nenhum demérito. Seguindo esse cenário hipotético, você poderá mudar para um apartamento com uma infraestrutura melhor, contratar um pacote melhor para o serviço de telefonia e de televisão, dar ao seu filho uma melhor educação e aumentar os gastos com lazer.

Mas qual a garantia de que conseguirá sustentar esse novo salário por muito tempo? O grande lance aqui é entender que, às vezes, os dispêndios podem ser pontuais (aquisição do novo apartamento, por exemplo) — para todos os efeitos, no ramo corporativo, compreendidos como capex[11] —, mas, assim como em alguns dos casos hipotéticos apresentados, eles têm impacto ao longo do tempo (valor do condomínio e IPTU, por exemplo) — e, aí, estão associados ao que se denomina opex.[12]

Voltando ao exemplo. O fato de mudar para um apartamento em um edifício com mais infraestrutura, em geral,

---

11. O termo "capex" é um acrônimo inglês relativo a *capital expenditure* (despesas de capital). São gastos que representam incremento do ativo.
12. Do mesmo modo, o termo "opex" é um acrônimo em inglês que quer dizer *operational expenditure* (despesas operacionais). São gastos realizados para custeio da estrutura da empresa.

estará associado a um gasto mais alto com condomínio e IPTU; os serviços de telefonia e televisão estão vinculados a algum tipo de prazo de fidelidade; e, seria muito complicado colocar o filho em outra escola até que finde o ano letivo.

Certamente, todos nós queremos melhores condições de vida e mais conforto. Esse processo de melhora é facilmente incorporado a nossa vida e rotina, mas é bastante difícil ter que regredir o patamar de vida.

Numa empresa não é diferente. Se o processo de crescimento do faturamento não estiver calcado em algo sólido e ainda assim houver a realização de dispêndios que tenham impacto significativo no custeio da corporação, a queda de patamar de faturamento trará sérios danos.

Vejamos o aumento salarial, por exemplo. Pela legislação trabalhista vigente, a não ser que o montante seja acrescido a partir de gratificação, todo valor incorporado como salário não pode mais ser abatido dos vencimentos do colaborador. Há excepcionalidade, mas essa é a regra. Outros exemplos seriam a mudança de sede ou a incorporação de novos serviços que impactariam a rotina e as condições de trabalho dos colaboradores.

> Na oportunidade da elaboração das propostas orçamentárias, o superintendente de área de uma empresa costumava alertar sua equipe sobre a relação 70/30. É comum que uma pequena quantidade de rubricas orçamentárias represente 70% dos dispêndios da empresa no opex. Essas rubricas deveriam ser planejadas com bastante rigor, concentrando grande parte do esforço realizado pela equipe na elaboração da

> peça orçamentária. As demais rubricas, que representam 30% dos dispêndios, deveriam exigir uma menor atenção da equipe. A mensagem por trás do 70/30 é a de que o efeito de redução nas despesas só terá representatividade dentro da estrutura de custo da empresa caso sejam realizadas ações de contenção nos elementos de maior representatividade. Para exemplificar, imagine uma empresa que gasta 10 milhões de reais por ano em prestação de serviços de terceiros e 50 mil reais em aquisição de materiais. Para efeito no resultado, a redução de 0,5% do gasto em prestação de serviço é igual à redução de 100% das despesas com material. Diga-se de passagem, uma redução de 0,5% não parece difícil de alcançar.

O MÉTODO DO CUSTEIO VARIÁVEL

Uma importante ferramenta para a tomada de decisão gerencial é o método do custeio variável.[13] Esse pode ser um dos mecanismos utilizados para compreensão de quais produtos contribuem positivamente para o resultado da empresa e quais não custeiam sua própria operação. Assim, pode auxiliar nas análises que envolvem o preço e a composição do portfólio de produtos e serviços.

Como o próprio nome sugere, o método do custeio variável exige que sejam identificados e segregados os gastos fixos e os variáveis. Mais do que a natureza do gasto, a segregação

---

13. Também conhecido como custeio direto. Segundo Wolfgang Schoeps (1992), professor da FGV, o termo foi empregado pela primeira vez pelo estudioso norte-americano Jonathan N. Harris, mas a descrição e a aceitação do método decorreram de publicação de W. Neikirk.

entre fixo e variável está associada ao fato de terem relação direta ou não com o volume produzido. Pode acontecer, inclusive, de um gasto de mesma natureza ter uma parte fixa e outra associada ao volume de produção.

Os gastos fixos acontecem independentemente do volume de produtos ofertados, ou seja, são dispêndios que serão realizados não importando o volume de operação da empresa. Aluguel, salários e energia da área administrativa são exemplos de gastos fixos.

Já os gastos variáveis, por sua vez, são aqueles que aumentam de acordo com o volume de produtos ofertados, ou seja, estão ligados diretamente à quantidade ofertada. Sendo assim, quando não é ofertado um determinado produto, esses gastos não acontecem. Para exemplificar, podemos mencionar a matéria-prima, as comissões por venda, horas extras em função da produção etc.

A análise pode ser realizada de maneira individualizada por produto ou pode atender a um mix ou uma cesta de produtos. Apesar de indicar uma análise complexa para um mix de produtos, entendê-la é bastante simples.

Para se analisar em termos de um mix de produtos, deve ser feita uma média ponderada do volume de vendas de cada um dos produtos para se chegar a um preço médio de venda. O mesmo vale para o custo: a análise indica um custo médio unitário, representando o mix de produtos com base no histórico de vendas.

Relação custo × volume × lucro

O entendimento da relação entre o custo, o volume e o lucro permite uma ampla visão do processo de planejamento e a realização de inferências dos impactos a serem percebidos diante dessa interação. Essa compreensão facilita a análise de diferentes cenários e os impactos para o negócio.

Como os gastos fixos não estão relacionados ao volume de produtos comercializados, não há nenhuma interação com eventuais alterações no volume de vendas ou no preço do produto. Mas as alterações no volume de vendas e no preço do produto possuem uma relação clara com os gastos variáveis.

Uma movimentação no volume comercializado implica aumento da receita gerada pelas vendas, dos custos e das despesas variáveis. Já uma movimentação no valor do bem impacta somente a receita com as vendas e as despesas variáveis, não implicando, portanto, alteração nos custos variáveis. Já os custos fixos não se alteram em nenhum desses movimentos de preço e volume.

Observando o modelo do custeio variável, temos o seguinte demonstrativo de resultado:

Vendas
(−) Custos variáveis
(−) Despesas variáveis
(=) Margem de contribuição
(−) Custos fixos
(−) Despesas fixas
(=) Lucro

Dessa forma, é possível projetar cenários com base na definição do impacto provocado no volume de vendas ou no preço do produto em cada um dos cenários. Em economia, definimos a relação entre a variação percentual na quantidade demandada dividida pela variação percentual no preço de um produto como elasticidade-preço da demanda.

$$\text{Elasticidade-preço da demanda} = \frac{\text{Variação \% Demanda}}{\text{Variação \% Preço}}$$

Pela concepção da elasticidade-preço da demanda, podemos classificar um produto de três formas: **elástico**, para bens cuja variação percentual na quantidade demandada é maior do que a variação percentual no preço; **inelástico**, quando a variação percentual na quantidade demandada é inferior à variação percentual no preço; e **unitário**, para os casos em que a variação percentual nos preços e na quantidade demandada se dá na mesma intensidade.

Para conhecer a denominada curva de demanda, a melhor opção é uma análise dos dados históricos, relacionando o preço e a quantidade demandada. Não quero me aprofundar nesta questão, mas, para efeito de conhecimento, a elasticidade-preço da demanda é determinada, entre outras coisas, pela existência de produtos substitutos (a tendência é de que um aumento no preço provoque a escolha pelo produto similar); se é um artigo necessário ou é de luxo (os necessários tendem a ser adquiridos em boa quantidade, mesmo que com um preço mais elevado; já os artigos de luxo tendem a ser consumidos apenas em condições favoráveis); e pela representatividade que o produto tem no orçamento familiar, pois, quanto maior o impacto dele, mais fácil tende a ser a busca por alternativas ou a redução no consumo em caso de aumento do preço.

O mais importante de compreender no que tange ao entendimento da elasticidade-preço da demanda é como isso impacta a receita total, que é obtida pela multiplicação entre preço e quantidade demandada.

Receita total = Preço × Quantidade demandada

Lembre-se: é a partir daí que se chega ao lucro total do negócio. O quadro a seguir sintetiza essa questão:

Elasticidade-preço da demanda	Situação	Impacto na receita total	Explicação
Elástico	Aumento no preço	Reduz	O aumento no preço é compensado pela redução do volume demandado proporcionalmente maior
Elástico	Redução no preço	Aumenta	A redução no preço tem menor representatividade em função do incremento mais significativo na demanda
Inelástico	Aumento no preço	Aumenta	O aumento no preço supera o impacto causado pela redução do volume demandado que é proporcionalmente inferior
Inelástico	Redução no preço	Reduz	A redução no preço tem maior representatividade em função de o incremento na demanda ser proporcionalmente inferior

Pode-se concluir, então, que nos casos em que os produtos forem elásticos as promoções podem ser uma importante estratégia para o aumento da receita. Na outra ponta, para produtos inelásticos, um aumento no preço surte efeito melhor. É importante ter consciência de que, para produtos definidos como elásticos, o aumento no preço em função do aumento no custo pode provocar um sério dano ao negócio e exigir um controle ainda mais rígido dos gastos. Produtos inelásticos não provocam esse efeito.

> Produtos com gastos variáveis pequenos em comparação aos gastos fixos permitem o que chamamos de ganhos de escala. O incremento no custo total para elaboração de um novo produto é pequeno e, consequentemente, reduz o custo unitário do produto, permitindo cobrar preços menores. A economia de escala pode se colocar como uma barreira de entrada de concorrentes.

Margem de contribuição

A margem de contribuição é obtida pela receita gerada pelos produtos menos os gastos variáveis. Assim, é possível compreender quanto cada produto contribui para o pagamento dos gastos fixos da empresa.

> Margem de contribuição = Receita − Gastos variáveis

Com os gastos variáveis alocados diretamente no produto, é possível identificar aqueles que contribuem positivamente para o custeio dos gastos fixos da empresa. Já os que não contribuem acabam por corroer a margem gerada pelos demais e, por isso, devem ser alvo de análise e estão passíveis de ser eliminados ou de haver uma simplificação de suas especificações — mas ainda atendendo a contento às necessidades do consumidor.

Em muitas ocasiões, um produto pode apresentar margem de contribuição negativa, ou seja, o preço nem sequer cobre os gastos variáveis relacionados à sua operação. Mas, ainda assim, produtos com essas características podem ser comercializados, por servirem como uma espécie de isca para atrair clientes que consomem de maneira conjunta outros produtos que possuem margens de contribuição bastante significativa, representando, assim, uma contribuição positiva ao final.

> Uma rede de lojas sustentava a operação de uma unidade cuja margem de contribuição era negativa, ou seja, a margem de contribuição gerada pelo volume de vendas da loja não era suficiente para cobrir seus custos fixos. Casos assim podem representar uma estratégia de impedir a instalação de lojas de concorrentes na mesma região, de modo a garantir o domínio daquele mercado. A perda pontual em uma das lojas era compensada pelo resultado positivo do conjunto de lojas na região.

Ponto de equilíbrio

O ponto de equilíbrio (PEC) é a representação do momento em que a empresa tem um resultado zero, ou seja, não apresenta lucro nem prejuízo. É o momento em que as receitas se equilibram com a soma de gastos fixos e variáveis.

Tem-se, assim, que o ponto de equilíbrio é resultado da divisão dos gastos fixos totais pela subtração do preço unitário pelos gastos variáveis unitários.

$$PEC = \frac{\text{Gastos fixos}}{(\text{Preço unitário} - \text{Gastos variáveis unitários})}$$

O resultado em questão expressa em termos quantitativos o volume de vendas necessário para que a operação chegue à condição de equilíbrio.

É importante ressaltar que, quando o volume for inferior ao patamar indicado, o resultado operacional da empresa será negativo, ou seja, indicará a ocorrência de prejuízo.

No entanto, se o volume de vendas supera o ponto de equilíbrio, toda a margem de contribuição gerada se transforma automaticamente em resultado, em lucro, pois os custos fixos já foram distribuídos para as vendas que antecederam a posição de equilíbrio.

Para que se chegue à posição de equilíbrio em termos monetários, é necessário multiplicar a quantidade definida pelo ponto de equilíbrio pelo preço unitário.

> PECR$ = PEC em quantidade × Preço unitário

AS DIFERENTES PROPOSTAS ORÇAMENTÁRIAS

A expressão monetária das metas definidas por uma empresa é o orçamento. Ele demonstra numericamente os objetivos definidos pela organização em relação a suas perspectivas de vendas e seus gastos. É, portanto, uma ferramenta indispensável para a gestão empresarial e como balizador do controle dos gastos.

Conceitualmente, podemos descrever três diferentes propostas de construção orçamentária: o orçamento tradicional, o orçamento matricial e o orçamento de base zero.

O orçamento tradicional é base conceitual para os demais. Trata-se da expressão numérica de previsão de receitas e despesas, definida pelos objetos aos quais está vinculada. Usualmente é elaborado pela alta direção com base em uma série histórica e projetado para o futuro, considerando incrementos a partir da inflação ou de uma expectativa de crescimento.

Pela própria perspectiva incremental de construção da peça orçamentária, as metas do passado são projetadas para o futuro. Não há, portanto, uma análise crítica dos gastos, tampouco do comportamento das receitas.

Nesses casos, cada área ou departamento é responsável pela gestão dos recursos que lhes são disponibilizados. Assim, a economia em determinada rubrica pode ser compensada com um gasto maior do que o projetado em outra.

A proposta de orçamento matricial vem para atenuar uma importante fragilidade do orçamento tradicional: o de evitar a possibilidade de haver compensação diante da autonomia de gestão dos recursos pelo departamento.

O que quero dizer com isso é que um gestor que reduziu dispêndios em materiais administrativos pode aumentar o gasto em consultoria, por exemplo. Desde que isso seja inferior à redução na outra rubrica, ainda estará promovendo uma redução das despesas, sem necessariamente atender àquilo que é melhor para a empresa.

Com o orçamento matricial, não podemos mais falar da peça orçamentária como algo imposto pela alta direção. Seu planejamento e controle devem acontecer de maneira transversal.

Na essência, cada conta contábil tem um "dono", ou seja, cada tipo de despesa está sob uma área responsável. Exemplificando: apesar de os custos com energia serem realizados em todas a áreas de uma empresa, o gasto total de energia será de responsabilidade da área administrativa.

É por isso que exige uma interação entre as áreas na oportunidade do planejamento e também no controle orçamentário. Tanto a área-fim quanto a unidade responsável pela conta contábil devem interagir, evitando, assim, possíveis excessos, que podem ser utilizados muitas vezes como válvula de escape pela fragilidade no planejamento.

Nesse cenário, cada unidade de custo faz a gestão dos gastos que lhe competem, e os gestores das contas contábeis atuam de modo a conter a compensação nos gastos. Assim, a unidade segue tendo a gestão dos seus recursos, no entanto, há o controle exercido pelos gestores de cada uma das contas.

Por fim, o orçamento base zero representa um contraponto à lógica incremental. É o momento de se reinventar e compreender os gastos necessários ao funcionamento da organização.

Trata-se de uma proposta de reformulação completa, tanto dos gastos quanto das receitas, em geral, pautada por *benchmarks* internos e externos. A difusão do conhecimento e as melhores práticas devem ser levadas a cada uma das unidades da empresa.

Nas empresas, como na vida, assumimos determinados gastos que podem não fazer mais sentido, e nem sempre nos sujeitamos a um processo de autocrítica. A elaboração de um orçamento de base zero também pode ser vista como um processo de autocrítica da empresa como um todo e das suas unidades de maneira segregada.

Não é porque um dia fez sentido gastar com assinatura de revistas que os consultórios médicos devam manter tais despesas. Talvez, nos tempos atuais, faça mais sentido ter uma boa rede Wi-Fi para que os pacientes possam acessar a internet com seus *smartphones*, por exemplo.

Como otimizar?

Ao descrevê-las numa perspectiva conceitual, pudemos perceber que as diferentes formas de trabalhar o orçamento podem contribuir significativamente para uma melhor qualificação das despesas.

O orçamento matricial é uma evolução, com participação transversal no planejamento e controle orçamentário, impedindo compensações. O orçamento base zero se coloca como um processo de autocrítica e de difusão das melhores práticas na empresa.

No entanto, o orçamento base zero exige um processo mais demorado e, consequentemente, é mais oneroso para a empresa. Em termos gerais, o nível de discussão e profundidade da análise que se deve ter depende da necessidade em ganho de eficiência.

Quanto maior o nível do desafio imposto pela necessidade de ganho de eficiência, maior a evolução nas práticas de gestão e mais profundas as necessidades de mudanças na organização.

Tomando como referência a proposta de Alexandre Ribas, um dos sócios da Falconi Consultores de Resultado, essa evolução estaria segregada em três níveis.

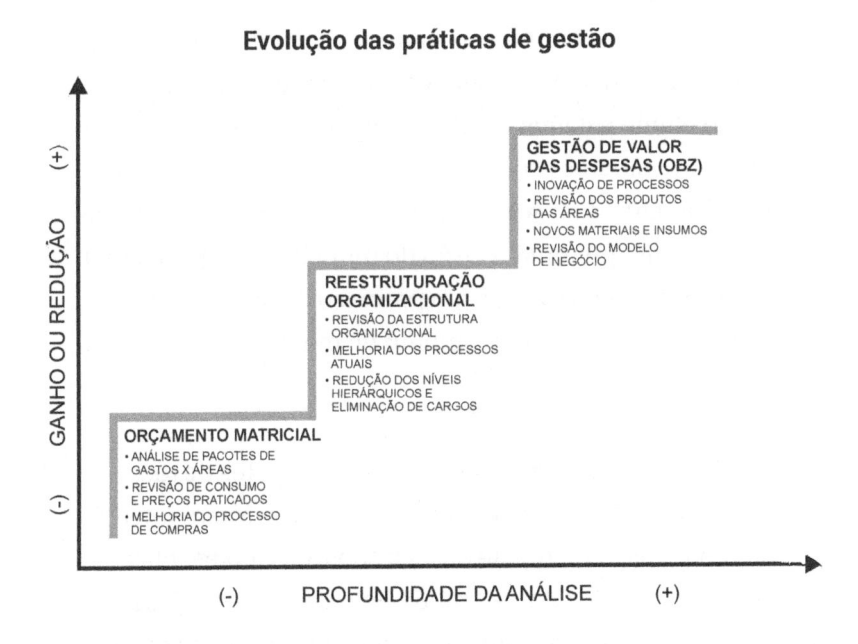

Evolução das práticas de gestão

Eixo Y: (-) GANHO OU REDUÇÃO (+)
Eixo X: (-) PROFUNDIDADE DA ANÁLISE (+)

ORÇAMENTO MATRICIAL
- ANÁLISE DE PACOTES DE GASTOS X ÁREAS
- REVISÃO DE CONSUMO E PREÇOS PRATICADOS
- MELHORIA DO PROCESSO DE COMPRAS

REESTRUTURAÇÃO ORGANIZACIONAL
- REVISÃO DA ESTRUTURA ORGANIZACIONAL
- MELHORIA DOS PROCESSOS ATUAIS
- REDUÇÃO DOS NÍVEIS HIERÁRQUICOS E ELIMINAÇÃO DE CARGOS

GESTÃO DE VALOR DAS DESPESAS (OBZ)
- INOVAÇÃO DE PROCESSOS
- REVISÃO DOS PRODUTOS DAS ÁREAS
- NOVOS MATERIAIS E INSUMOS
- REVISÃO DO MODELO DE NEGÓCIO

Fonte: adaptado de Alexandre Ribas (2018).

O primeiro nível em termos de busca da eficiência é a proposição do orçamento matricial, que carrega em si uma melhora na eficiência dos gastos com o fim das compensações e deve impactar também as condições de compras e os preços de serviços e produtos adquiridos, já que eles terão um dono, centralizando, assim, as aquisições. A centralização das aquisições potencializa a obtenção de melhores condições de mercado, já que o volume a ser adquirido é maior do que as compras segregadas em cada departamento.

Em um segundo nível está a reestruturação organizacional, que passaria por revisão da estrutura organizacional, melhoria de processos e redução de níveis hierárquicos e cargos. Essa transformação impacta diretamente um novo arranjo da distribuição de poder dentro de uma empresa. Nesse quesito, veremos a seguir a lógica das torres, uma importante ferramenta para concretizar essa análise.

No último patamar está o orçamento base zero, passando por inovação nos processos, revisão de produtos e áreas, possibilidade de inserção de novos materiais ou insumos e até mesmo por uma revisão do modelo de negócio atual. Aqui, estamos falando de um processo de revisão completa da atuação e do posicionamento de mercado da empresa.

> Uma empresa perdeu suas principais fontes de receita, já que seus três melhores contratos foram interrompidos. O montante desses contratos representava quase 50% do total de faturamento da empresa. Esse é um típico caso em que a estrutura deve ser repensada por completo.

GANHOS DE EFICIÊNCIA E A LÓGICA DAS TORRES

O ganho de eficiência está diretamente ligado ao avanço no nível de conhecimento e em sua difusão dentro da empresa. A necessidade de buscar soluções, visando à garantia da sustentabilidade do negócio em longo prazo, é a motivação para o processo de inovação.

A busca por maior eficiência é um exercício que deve ser realizado de forma contínua e pode estar vinculado ao produto ou à maneira como são desempenhados os processos internos. As melhorias nos processos também representam importantes feitos de inovação e exigem proatividade.

Sob a ótica do produto, as análises devem se pautar no desenvolvimento de produtos que possam vir a atender às demandas de novos clientes; na simplificação das especificações dos produtos existentes, desde que eles não deixem de suprir necessidades e expectativas dos clientes, gerando redução no custo; e até mesmo na exclusão de produtos que não contribuam para pagamentos dos gastos da empresa e, pelo contrário, representem mais dispêndios do que geração de receita.

Mais do que ter um volumoso mix de produtos ou serviços, trata-se de oferecer produtos que consigam atender às necessidades dos clientes e apresentem resultados positivos. Por isso, é de fundamental importância o entendimento do seu público-alvo e dos níveis de qualidade por ele exigidos, mas também do custo dos insumos que compõem seu produto frente ao preço praticado pelo mercado.

Sob a ótica dos processos, o direcionamento é sempre para a simplificação e a automatização dos processos. Nesse quesito, o fluxo processual e a estrutura decisória têm papel de alta relevância.

É preciso definir claramente o nível de autonomia dos agentes envolvidos nos processos, bem como uma cadeia de etapas de fiscalização, para evitar retrabalho. A confiança é essencial e faz parte da dinâmica da vida social.

A lógica das torres ilustra essa série de reflexões que devem conduzir as decisões no âmbito empresarial, conforme defende Alexandre Ribas. É preciso manter o foco naquilo que é realmente relevante e eliminar o desnecessário. As etapas que se sucedem devem gerar valor, e por isso é importante que o processo seja simples e ao mesmo tempo garanta o cumprimento dos objetivos e propósitos da empresa.

Sempre haverá uma forma mais eficiente de cumprir as atividades. O questionamento da produtividade nos leva sempre a buscar soluções inovadoras, garantindo a qualidade e melhores resultados.

Para tanto, devem ser cumpridas quatro etapas:

1. definir o papel e os entregáveis[14] de cada área, bem como os gastos que estão associados;
2. definir níveis de prioridade atrelados ao valor agregado;
3. eliminar despesas de menor nível de prioridade;
4. elaborar planos de ação para adequação do cenário.

Em muitos momentos, acabamos excedendo nossas responsabilidades básicas e vamos expandindo a atuação para atividades que podem ser supérfluas no processo ou para a empresa. Não é possível fazer uma crítica generalista. Compete a cada um dos responsáveis analisar o seu processo e a relevância de cada um dos entregáveis, não para sua

---

14. Entregável é o resultado de uma atividade ou processo.

satisfação pessoal, mas para o cumprimento dos objetivos da empresa.

Os entregáveis menos relevantes e as despesas associadas a eles podem ser eliminados ou ter seus processos redesenhados. Quando a decisão for pela eliminação, deve ser trabalhada a desmobilização dos recursos, através da realocação ou demissão do quadro de pessoal e do encerramento de contratos ou aquisições relacionadas.

Em síntese, o que se propõe a partir da lógica das torres é identificar aquelas que são as atividades principais vinculadas a cada produto ou área da empresa, sem as quais o negócio não se efetiva. As que são secundárias ou até mesmo podem ser percebidas como supérfluas devem ser criteriosamente analisadas a ponto de serem descartadas.

Vejamos um exemplo da área de recursos humanos de uma empresa que executa quatro diferentes rotinas: processamento da folha de pagamentos e benefícios; rotinas de segurança do trabalho; treinamento e desenvolvimento; e eventos de confraternização.

Numa situação como essa, eu caracterizaria como atividade crucial o processamento da folha de pagamentos e benefícios. Como atividades secundárias, as rotinas de segurança do trabalho e treinamento e desenvolvimento. Por fim, os eventos de confraternização como supérfluos.

Seguindo a situação hipotética em questão, manteríamos a rotina do processamento de folha de pagamentos e benefícios, revisaríamos as rotinas de segurança do trabalho e treinamento e eliminaríamos os eventos de confraternização.

Externo aqui meu posicionamento diante de uma situação hipotética, mas não há uma regra para essa análise, que vai depender muito do momento vivido pela empresa, da posição defendida pela liderança e dos valores pregados pela empresa. Geralmente, o que dita o rigor com que os entregáveis devem ser analisados é o nível de reestruturação e corte necessário à sobrevivência da empresa.

Um ponto a ser destacado é que analisar os entregáveis de cada setor não condiciona a cortes proporcionais nas áreas, por exemplo, cortar 20% dos custos de cada departamento. Podem existir departamentos já atuando de maneira bastante eficiente em detrimento de outros, e isso certamente trará impacto para o negócio.

> Uma indústria que atua em um segmento altamente regulado perdeu aproximadamente 70% da sua receita em função de questionamentos regulatórios e de qualidade do seu produto. Os sócios querem sustentar a operação e viabilizar novos negócios. A área de regulação, nesse caso, não pode sofrer cortes representativos, pois a conquista de novos negócios passa essencialmente pela aprovação do órgão regulador, o que pode até representar um incremento no volume de atividades desempenhadas pela área.

5. A DINÂMICA DO NEGÓCIO E A GESTÃO FINANCEIRA

Quando tratamos dos recursos financeiros envolvidos para o funcionamento de uma empresa, usualmente nos recordamos dos investimentos prévios à sua operação e dos custos e despesas decorrentes do seu funcionamento.

No entanto, todo negócio exige a aplicação de recursos que só serão percebidos pelo empresário quando a operação for encerrada, e esses valores nem sempre são bem compreendidos. Esta não é uma posição comum e é rejeitada por muitos em um primeiro momento, dada a dificuldade de compreender a característica de longo prazo de algumas rubricas de curto prazo. Costumeiramente, vem à memória a percepção de lucro e, portanto, o dinheiro investido retorna com algum tempo de movimentação do negócio.

A percepção do lucro não é um equívoco, mas, em condições favoráveis ao negócio, é o lucro gerado pela operação que, ao ser reinvestido, faz com que a empresa consiga se sustentar ao longo do tempo.

Acredito que essa ideia ainda permaneça confusa; portanto, exercitemos a seguinte lógica proposta pelo professor Marcos Villela Vieira[15]: imagine que uma empresa vende mil reais por dia, com um prazo de trinta dias para o pagamento. Essa mesma empresa opera sem nenhuma inadimplência.

Diante do que foi proposto, a tabela a seguir representa um demonstrativo do comportamento do contas a receber, para, a partir dele, tentarmos aprofundar a explicação de como se dá a dinâmica de qualquer negócio.

Comportamento do contas a receber

Dia	Vendas (R$)	Recebimentos (R$)	Contas a receber (R$)
1	1.000	0	1.000
2	1.000	0	2.000
3	1.000	0	3.000
4	1.000	0	4.000
5	1.000	0	5.000
...	...	...	...
28	1.000	0	28.000
29	1.000	0	29.000
30	1.000	0	30.000
31	1.000	1.000	30.000
32	1.000	1.000	30.000
...	...	...	...
100	1.000	1.000	30.000
...	...	...	...
N	1.000	1.000	30.000

---
15. Economista, mestre e doutor em administração pela UFMG, é professor do Ibmec e da Fundação Dom Cabral.

Como o prazo concedido para os clientes foi de 30 dias, observamos que o saldo do contas a receber cresceu até o trigésimo dia e depois se estabilizou. É importante ressaltar que essa estabilização decorre do fato de que condicionamos a construção do comportamento do contas a receber a uma maneira estática, ou seja, não há perspectiva de alteração da forma da condição de pagamento do cliente, tampouco do valor comercializado por dia.

Ao chegar ao trigésimo dia, constatamos que há um saldo de trinta mil reais, que permanecerá enquanto a empresa operar na mesma condição. Isso significa que a empresa não pode contar com esse recurso para quitar suas obrigações, pois é um dinheiro que está em posse de seus clientes devido à condição comercial que foi oferecida a eles. De maneira análoga, se os fornecedores oferecem um prazo para pagamento, no espaço de tempo que compreende o prazo concedido, a empresa estará operando com recursos do parceiro.

Se conseguirmos entender a lógica em questão, perceberemos que esse comportamento se repete em diversas contas, mais precisamente todas aquelas que estão vinculadas à operação. A título de exemplificação, estamos falando de itens como estoque, fornecedores, impostos, salários e encargos.

Em muitas oportunidades, não nos damos conta desses recursos que, dadas as características de longo prazo, são aplicados, ou que temos como fonte em função da dinâmica da operação.

CICLO ECONÔMICO E CICLO FINANCEIRO

A lógica apresentada reflete os ciclos financeiro e econômico de uma empresa. O comportamento normal para o desenvolvimento das atividades é comprar mercadorias de seus fornecedores, mantendo-as em estoque até realizar as vendas. Nessas interações, tanto os fornecedores costumam ofertar prazo para pagamento quanto os compradores costumam ter a opção de pagar a prazo.

Essas interações representam dois ciclos, o **ciclo econômico** e o **ciclo financeiro**, conforme ilustra a figura a seguir. O ciclo econômico é compreendido entre o período da compra da matéria-prima e demais insumos para a operação e o momento da venda dos produtos.

Caracterização do ciclo econômico e ciclo financeiro de uma empresa

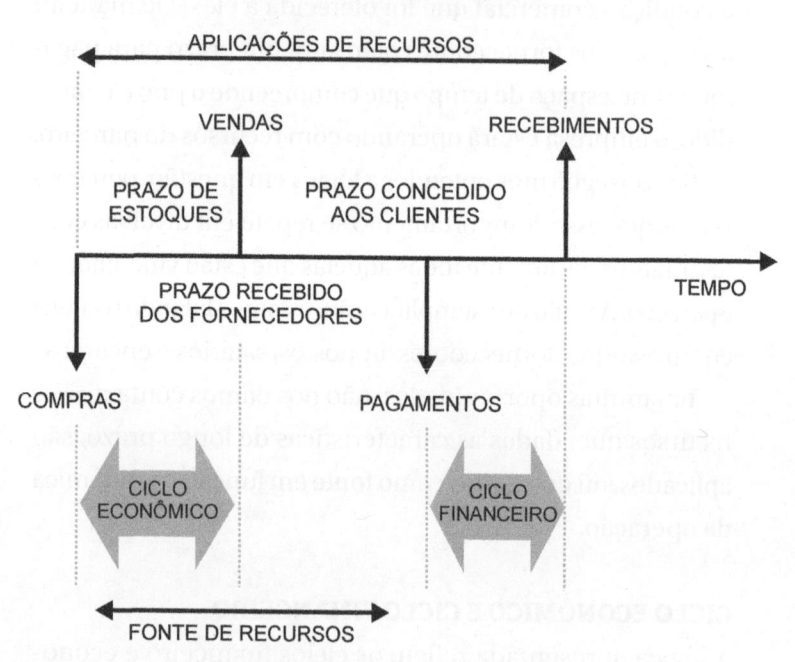

Fonte: adaptado de Marcos Villela Vieira (2017).

A parte econômica está relacionada às questões operacionais da empresa e reflete os prazos de estocagem e produção, prioritariamente.

O ciclo financeiro, por sua vez, é caracterizado pelo período em que há o pagamento dos fornecedores até o recebimento das vendas realizadas a prazo, ou seja, o período entre a saída dos recursos financeiros para quitação de débito com fornecedores e a entrada de recursos em caixa decorrente das vendas.

Para unificar a base de cálculo, a representação em dias se dá com a divisão do registro das contas contábeis pelo volume médio de venda diária. O volume médio diário é o total de vendas dividido pela quantidade de dias decorridos.

$$\text{Prazo} = \frac{\text{Registro das contas contábeis}}{\text{Volume médio de venda diária}}$$

De modo que:

Ciclo financeiro = Prazo de estocagem + Prazo concedido aos clientes + Prazo de outras contas operacionais do ativo circulante − Prazo recebido dos fornecedores − Prazo de outras contas operacionais do passivo circulante[16]

Há, então, um espaço entre os dois ciclos, que é essencialmente resultado do nível de relacionamento com os parceiros e a política comercial adotada pela empresa. Isso pode ser

---

16. Ativos circulantes são os direitos da empresa em curto prazo (período inferior a um ano), e passivos circulantes são as obrigações da empresa em curto prazo.

expresso nos prazos médios concedidos pelos fornecedores e no prazo médio concedido aos clientes para pagamento.

A grande lição que devemos tirar aqui é que a política de estocagem e comercial, que é uma questão interna da empresa, e o nível de relacionamento com os fornecedores, fator que não depende de decisões exclusivamente internas, é que ditam o volume de recursos necessários a serem aplicados para continuidade da operação do negócio. Uma situação ideal seria, portanto, aquela em que os prazos oferecidos pelos parceiros fossem superiores aos prazos que se concedem para venda, de modo que a operação fosse custeada com recursos dos parceiros.

Conforme demonstra a figura anterior, de um lado, a política de estocagem e a política comercial representam aplicações de recursos; na outra ponta, o prazo concedido pelos parceiros se coloca como fonte de recursos.

O ciclo financeiro é um importante instrumento para compreensão dos desafios vinculados à gestão financeira de uma empresa. Em grande medida, ele explica a situação conflitante decorrente do impacto da política comercial, muitas vezes utilizada para atração de clientes, no fluxo financeiro da empresa.

> A solução apresentada pelo setor comercial, de oferecer uma condição de parcelamento mais longo ou descontos é bastante usual, por ser atrativa ao consumidor. Isso, no entanto, pode sufocar o fluxo de caixa da empresa em função do volume de recurso necessário para ser aplicado no giro do negócio. Lem-

> bre-se de que esses recursos aplicados na operação só serão percebidos pela empresa se ela encerrar as suas atividades.

NECESSIDADE DE CAPITAL DE GIRO (NCG)

A necessidade de capital de giro (NCG) representa os recursos aplicados ou que são utilizados como fonte para a operação da empresa e, por isso, acabam assumindo características de longo prazo, já que não se espera que a operação se encerre rapidamente.

Em situações nas quais o ciclo financeiro é positivo, a NCG se coloca como uma aplicação, pois as saídas de recursos acontecerão antes da entrada de outros no caixa. Analogamente, quando o ciclo financeiro é negativo, as entradas de recurso acontecem antes da necessidade de se honrarem os compromissos, de modo que a NCG se coloca como fonte de recursos que sustentam a operação da empresa.

O cálculo da NCG se dá com base na reclassificação de ativo e passivo circulantes do balanço patrimonial de uma empresa, subdividindo o grupo de contas em financeiro ou errático e operacional ou cíclico. Esse processo de reclassificação é um reconhecimento da dinâmica financeira da empresa e da relevância do entendimento do seu ciclo financeiro.

Uma empresa adquire insumos ou produtos acabados de outras empresas, pagando à vista ou a prazo, agrega valor e comercializa seu produto, de forma semelhante à que pratica em suas aquisições, à vista ou a prazo. Os colaboradores atuam o mês inteiro para depois serem remunerados pelo trabalho. O pagamento dos tributos, em geral, também acontece posteriormente ao seu fato gerador, seguindo as determinações da Receita Federal.

O quadro a seguir exemplifica de maneira resumida o novo arranjo do grupo de contas no balanço patrimonial gerencial, a partir da análise da dinâmica de cada uma dessas contas contábeis em decorrência do funcionamento da empresa.

Ativo errático	Passivo errático
Caixas e bancos Aplicações financeiras	Empréstimos e financiamentos Debêntures Dividendos a pagar
Ativo operacional	**Passivo operacional**
Clientes Estoques Outras contas operacionais	Fornecedores Salários e encargos Impostos operacionais Outras contas operacionais
Ativo de longo prazo	**Passivo de longo prazo**
Realizável a longo prazo Imobilizado	Exigível de longo prazo Patrimônio líquido

A NCG é o resultado da interação entre o ativo e o passivo operacional:

NCG = Ativo operacional − Passivo operacional

Como a NCG tem vínculo direto com o ciclo financeiro de uma empresa, também pode ser medida através da interação entre as vendas diárias e o ciclo financeiro:

> **NCG = Vendas diárias × Ciclo financeiro**

Por resultar da combinação entre o volume médio de vendas diárias de uma empresa e a interação entre prazos de pagamentos e recebimentos da operação, a administração da NCG implica o controle do ciclo financeiro e do volume de vendas em função do limite de recursos disponíveis para serem imobilizados no giro dos negócios. Assim, nem sempre o crescimento das vendas é interessante, já que impacta diretamente o capital a ser imobilizado para o giro do negócio. O que se deve buscar é um nível de crescimento compatível com o volume de recurso disponível para ser imobilizado. É preciso planejar.

> Uma empresa de pequeno porte voltada ao setor de reformas e construções de engenharia desejava crescer. Pelo modelo de negócio, além da mão de obra, parte dos materiais era de responsabilidade da empresa e havia garantia de manutenção ou correção por um período de noventa dias. As obras se iniciavam quando o cliente pagava de 40% a 50% como entrada, com o restante dividido em mais duas ou três prestações, com a última sendo efetivada apenas mediante a entrega do serviço concluído. Nesse caso, assumir muitas obras concomitantemente, além de dificultar a gestão das equipes e a manutenção do padrão do serviço realizado, exige uma alta imobilização de capital na aquisição de materiais e despesas adicionais neces-

sárias para a realização dos serviços. A aquisição de materiais deve ser suprida inicialmente com a entrada paga pelos clientes. No entanto, o grande volume de obras executadas simultaneamente pode retardar as entregas dos empreendimentos, o que impede a entrada de volume considerável de recursos e, além de não remunerar a operação rapidamente, dificulta a manutenção da equipe para novos projetos. Fato é que há um incremento na necessidade de capital de giro, o que pode se refletir no caixa. Nesse caso, era o que acontecia e, em decorrência da dificuldade de caixa, havia o direcionamento das equipes de modo a acelerar entregas, prejudicando o andamento de outras obras e reduzindo a qualidade do serviço. Na outra ponta, havia uma insistência na negociação para que os clientes aceitassem as entregas com algumas pendências ou necessidade de ajustes que seriam "absorvidos" pela garantia.

Na atuação gerencial, deve-se almejar a redução no prazo de produção, da manutenção de produtos em estoque e do recebimento dos recursos decorrente das vendas, bem como a dilação nos prazos de pagamento, essencialmente dos fornecedores, já que os prazos de pagamento de tributos e salários, por exemplo, como outras contas do passivo operacional, estão regulamentados em lei. Devido à complexidade da questão tributária, não entrarei em detalhes aqui, mas vale lembrar que ela é uma parte importante a ser considerada e analisada.

Tentei explicar, de maneira bastante simples, sob a ótica econômica e financeira, o funcionamento da empresa. Todo esse entendimento de como se dá o funcionamento de uma corporação tem impacto direto no caixa da empresa.

A relação entre a NCG e o volume disponível em caixa é inversa. Ou seja, se houver um aumento em minha NCG e o negócio manter-se em operação, haverá uma redução do dinheiro disponível em caixa. Analogamente, se houver redução na NCG e a operação for mantida, haverá mais caixa disponível.

COMO ANALISAR A LIQUIDEZ DA EMPRESA

É muito comum ouvir falar em liquidez utilizando como parâmetro os índices de liquidez geral, corrente, seca e imediata. No entanto, não os tomarei como referência, pois, com exceção da liquidez geral que compara o ativo com o passivo de curto e longo prazo, eles comparam o ativo circulante ou parte dele com o passivo circulante. Tais indicadores desconsideram a lógica apresentada no decorrer deste capítulo, que trata da dinâmica do negócio. Por isso, esses índices tradicionais são considerados indicadores de solvência, já que as relações que propõem estariam condicionadas ao encerramento das atividades da empresa.

A liquidez de uma empresa pode ser compreendida como sua capacidade de honrar os seus compromissos em dia e manter a operação adequadamente. Assim, não há como desconsiderar a dinâmica do negócio.

Na oportunidade da reclassificação do grupo de contas do balanço patrimonial da empresa, dividimos o ativo e o passivo circulantes em dois grupos: o errático, que são contas relacionadas ao aspecto financeiro e monetário; e o operacional, vinculado à dinâmica do negócio.

Acompanhando todo o racional desenvolvido até aqui, o saldo de tesouraria é decorrente da relação entre o ativo e o passivo erráticos, tal qual acontece com o ativo e o passivo operacionais no indicativo da NCG. O saldo de tesouraria representa a existência de caixa para honrar com os compromissos.

> Saldo de tesouraria = Ativo errático − Passivo errático

Como já vimos, é justamente a NCG que retrata a necessidade de aplicação ou de fontes de recurso para a continuidade da operação do negócio.

O indicador de liquidez é formado pela divisão do quanto a empresa possui em saldo de tesouraria pela NCG. Ou seja, o quanto se tem de recursos disponíveis em caixa para fazer frente aos recursos necessários à continuidade da operação.

$$\text{Índice de liquidez} = \frac{\text{Saldo de tesouraria}}{\text{Necessidade de capital de giro}}$$

Um ponto que merece atenção é o que chamamos de "efeito tesoura". Ele acontece quando a dependência por recursos de curto prazo, a exemplo dos empréstimos, cresce significativamente para que se consiga dar prosseguimento com a operação.

Entre outros motivos, pode ocorrer em função de um ritmo acelerado de crescimento ou redução das vendas, aumento do ciclo financeiro ou processo de inadimplência, baixos retornos dos negócios ou negócios rentáveis, mas com elevada distribuição dos lucros. Assim, todos esses são pontos de atenção.

Empresas que enfrentam o "efeito tesoura", como um último suspiro, convivem com a melhora do seu ciclo financeiro quando estão se aproximando do colapso. Entre outros motivos, isso se dá pelo fato de não honrarem os compromissos com seus credores, elevando assim a percepção do ciclo econômico, que se coloca como fonte de recursos para a operação.

A GESTÃO FINANCEIRA

Todo o esforço ao longo desse capítulo representa um dos três pilares da gestão financeira de uma empresa: o fluxo de caixa operacional. Há outros dois pilares que abordarei em menor intensidade, pois a compreensão deles exige menos esforço: fluxo de caixa de investimento e fluxo de caixa financeiro. Em conjunto, eles definem o fluxo de caixa livre da empresa.

Como pudemos acompanhar ao longo do capítulo anterior e na primeira etapa deste, o que compete à gestão do fluxo de caixa operacional está relacionado às questões que envolvem o controle de gastos, o planejamento tributário, a política comercial e de relacionamento com os fornecedores e o nível de estoque.

Dada a complexidade, não aprofundarei aqui os aspectos relacionados ao planejamento tributário. Nossa legislação é bastante complexa, mesmo num cenário em que se desenha mais uma reforma tributária. Fato é que é possível reduzir o volume de tributos em total cumprimento da legislação. Entre os elementos que interferem em um adequado planejamento tributário estão: a opção pelo regime tributário apropriado, que atualmente divide-se em lucro real, lucro presumido e simples nacional; arranjos societários; localização do empreendimento; e identificação adequada do código de serviço ou produto.

O fluxo de caixa de investimento está relacionado aos gastos em capex, em função da exigência de novos investimentos no ativo imobilizado ou no intangível. Aqui, é importante compreender que ter uma operação altamente rentável não representa garantia de sustentação do negócio, pois esses recursos podem ser corroídos pela necessidade de reinvestimento.

Quando o volume de reinvestimento exigido pela empresa é considerável, é necessário mais controle para alcançar um volume de caixa livre razoável, reforçando a posição de que é necessário foco no controle de gastos. Nesses casos, é preciso ter um planejamento criterioso, de modo a adequar a política de reinvestimento ao ingresso de recursos no caixa.

Por fim, temos que analisar o fluxo de caixa financeiro, cujas decisões estão em um patamar muito mais estratégico, pois estão vinculadas à remuneração do capital investido. Lembre-se que esse capital pode ser conseguido por meio de recursos de terceiros (empréstimos) ou capital próprio, que deve ser remunerado pelo pagamento de juros e/ou dividendos.

A boa gestão do fluxo de caixa operacional e do fluxo de caixa de investimentos é que possibilita a garantia de uma boa remuneração ao capital investido e à geração de valor para a empresa. No final das contas, gerir de maneira adequada o fluxo de caixa operacional e de investimentos é que produz uma gestão voltada para a criação de valor. O valor gerado para os acionistas, por sua vez, depende do volume de recursos destinado à remuneração do capital de terceiros.

Elementos que têm influência no fluxo de caixa livre

```
                        FLUXO DE CAIXA
                             LIVRE
                               │
        ┌──────────────────────┼──────────────────────┐
FLUXO DE CAIXA          FLUXO DE CAIXA          FLUXO DE CAIXA
 OPERACIONAL            DE INVESTIMENTO            FINANCEIRO
        │                      │                      │
  RESULTADO               Δ INVESTIMENTOS         Δ EMPRÉSTIMOS
  OPERACIONAL
                                                 DIVIDENDOS/
   TRIBUTOS               Δ IMOBILIZADO          JUROS SOBRE
                                                 CAPITAL PRÓPRIO

   Δ NCG                                         Δ PATRIMÔNIO
                                                    LÍQUIDO
```

Fonte: adaptado de Alexandre Ribas (2018).

As incorporadoras são exemplos de empresas com ciclos financeiros longos e com um alto nível de exigência de reinvestimento para operacionalização do negócio. Nesse modelo de negócio, o retorno do investimento acontece em prazo considerável, estando sujeito a oscilações de mercado e processos inflacionários, por exemplo.

6. CONQUISTAR GRANDES RESULTADOS FAZENDO O CERTO

Conseguir bons resultados não é suficiente. Mais do que alcançar bons resultados, o objetivo é garantir que eles sejam conquistados em coerência com a legislação e em consonância com os objetivos e os valores defendidos pela empresa.

É preciso ter organização e comprometimento com a execução daquilo que foi definido como estratégia de atuação. O caminho para conquistar resultados fazendo o certo é manter uma estrutura com rotinas de trabalho bem definidas e delimitação dos papéis a serem cumpridos por qualquer um dos atores envolvidos com a instituição.

Ter uma rotina, um método de trabalho, nada mais é do que indicar os caminhos que devem ser seguidos para atingir os objetivos definidos pela instituição. Isso não pode ser visto como fator limitante ao processo de inovação e de melhoria, mas como um instrumento capaz de transmitir as melhores práticas a toda a empresa.

O fato de existir um procedimento definido não significa que ele não poderá ser revisto. Pelo contrário: a cada novo avanço, o procedimento deve ser atualizado e compartilhado com todos os envolvidos com aquela rotina por meio de treinamentos.

Compete à estrutura de governança corporativa o papel de alinhar os interesses de sustentabilidade do negócio em longo prazo e sua geração de valor às rotinas experimentadas na vivência diária da organização.

A estrutura de governança estabelece as diretrizes que definem o funcionamento da empresa, estabelecendo os limites de atuação de cada um dos atores envolvidos, as políticas de boas práticas e o comportamento dos colaboradores.

Diversos agentes envolvidos com a empresa (colaboradores, gestores, proprietários, fornecedores, sociedade e governo) são responsáveis para que a organização alcance os seus objetivos. De maneira complementar, o *compliance* é um instrumento que tem como função garantir a efetividade desse processo.

Mesmo diante de tanta transformação na estrutura social e da intensidade cada vez maior com que essas transformações acontecem, ainda precisamos aceitar que onde há envolvimento de pessoas podemos estar sujeitos a erros e fraudes. Conjuntamente, as estruturas de governança e *compliance* fazem frente a essas questões.

O *compliance* deve ser entendido como mais uma das ferramentas utilizadas para a gestão empresarial, cujo papel é dotar a organização dos instrumentos necessários para garantir o cumprimento das leis e normativos internos e externos. Trata-se de uma estrutura de caráter consultivo e de orientação para as áreas-fim, não cabendo a ela a tomada de decisão.

Tem-se, portanto, que as empresas devem estruturar sua rotina de trabalho com procedimentos adequados de maneira preventiva a atos ilícitos.

Conforme indicam as orientações do governo britânico sobre o Bribery Act, uma lei de combate à corrupção internacional promulgada no Reino Unido em 2010, é necessária a adesão a seis princípios básicos:

1. procedimentos proporcionais;
2. compromisso oriundo do topo;
3. avaliação de risco;
4. *due diligence*;
5. comunicação;
6. monitoramento e revisão.

PROCEDIMENTOS PROPORCIONAIS
O princípio dos procedimentos proporcionais diz que os processos de uma organização, a fim de evitar atos de inconformidade, devem ser proporcionais aos riscos a que a empresa está sujeita, com base na natureza do ato, escala e grau de complexidade de sua execução.

Ou seja, quanto maior for o impacto decorrente de uma situação, mais rigorosas devem ser as medidas que visem garantir o cumprimento adequado da rotina. Já aquelas cujo impacto é pequeno não exigem tanto controle.

COMPROMISSO ORIUNDO DO TOPO

Esse princípio corrobora a posição de um líder em uma instituição. A alta direção deve estar envolvida e patrocinar uma cultura organizacional condizente com os parâmetros estabelecidos.

Defendi com alguma profundidade que liderar é dar exemplos. São os exemplos dados pela alta direção que demonstram o seu envolvimento com as diretrizes definidas pela própria empresa.

Caso as atitudes não conversem com aquilo que foi estabelecido no papel, os normativos, políticas e procedimentos serão desacreditados e podem inclusive representar um ponto de tensão na relação entre a base e os executivos da empresa.

AVALIAÇÃO DE RISCO

A avaliação de risco é necessária para que as ações sejam compatíveis com o grau de exposição e a potencialidade do dano, tanto internamente quanto em relação à imagem externa da instituição. É importante que a análise seja revisada periodicamente, pois a condição pode se alterar dada a dinâmica da própria empresa. Em geral, a medida de risco é estabelecida por uma matriz que relaciona a probabilidade de acontecimento e a dimensão do impacto. O impacto, em geral, é uma expressão monetária do quão comprometedor pode ser em termos financeiros aquele acontecimento, e deve estar associado ao faturamento ou à disponibilidade de caixa, por exemplo.

Matriz de risco

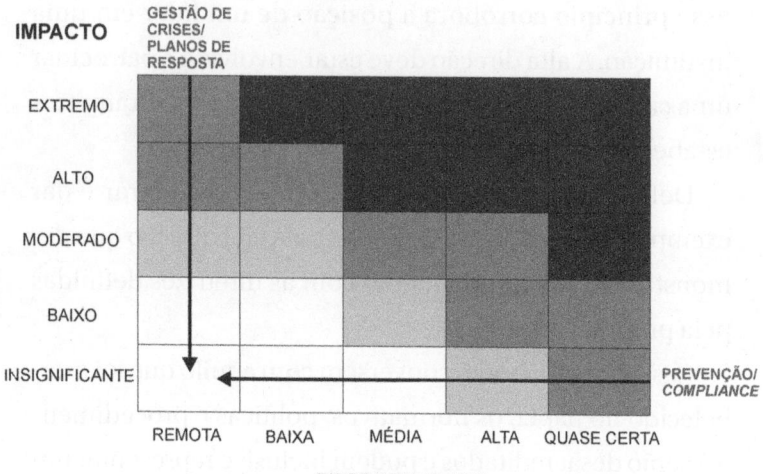

IMPACTO	GESTÃO DE CRISES/ PLANOS DE RESPOSTA					
EXTREMO						
ALTO						
MODERADO						
BAIXO						
INSIGNIFICANTE						PREVENÇÃO/ COMPLIANCE
	REMOTA	BAIXA	MÉDIA	ALTA	QUASE CERTA	

PROBABILIDADE

Fonte: elaboração própria.

Assim, conforme indicado pela figura, os casos que apresentam a condição de risco extremo estão associados a questões que têm probabilidade considerável de acontecer e cujos impactos são altos, e assim sucessivamente, chegando ao nível de risco remoto, que associa baixa probabilidade com impacto insignificante.

O papel exercido pelas medidas de *compliance* é preventivo e visa reduzir as chances do acontecimento. Ou seja, trabalha-se com a perspectiva de redução da probabilidade daquele acontecimento.

As questões de impacto extremo, por mais remota que seja a possibilidade de ocorrência, devem estar associadas a um plano de resposta, com medidas de gestão de crise. Afinal, caso venham a acontecer, causarão grandes estragos financeiros e/ou de imagem.

Há, portanto, uma segregação de competência, pois as medidas de *compliance*, numa linha do tempo, ocorrem antes do fato. As ações posteriores são de competência da gestão de crise.

DUE DILIGENCE

Due diligence é uma expressão em inglês que significa "a devida diligência". Indica que devem ser realizadas todas as medidas necessárias, a fim de garantir a prevenção, a detecção e o tratamento de atos de inconformidade. Por ser uma expressão bem generalista, é difícil estabelecer o que seria "a devida diligência" em cada caso, mas o conceito aponta para a necessidade de um tratamento adequado das questões.

Faz-se necessário, portanto, que o processo seja criterioso em cada um dos pontos levantados como risco potencial nos quais a empresa pode incorrer. A partir do princípio da proporcionalidade, busca-se adotar medidas condizentes com o grau de exposição do risco.

O princípio diz que devemos agir de modo que tenhamos feito tudo o que está ao nosso alcance diante das condições que nos são oferecidas para execução da nossa atividade.

COMUNICAÇÃO

Oportunamente, já falamos aqui da necessidade de garantir que as informações sejam difundidas por toda a empresa. O princípio da comunicação é exatamente isso. As diferentes formas de comunicação interna e externa devem atender às necessidades seguindo o princípio da proporcionalidade.

As melhores práticas e *know-how* adquiridos devem ser divulgados por meio de treinamentos, e é importante que cada área ou colaborador consiga se enxergar dentro da engrenagem que faz rodar a empresa. Esta é a principal tarefa associada ao princípio da comunicação, que versa sobre a necessidade de uma política de treinamento contínuo.

MONITORAMENTO E REVISÃO
Vemos que o movimento de uma empresa é circular. É um ciclo contínuo, a exemplo do que indica o PDCA. O princípio do monitoramento e revisão recomenda que os procedimentos devem ser acompanhados visando a melhoria contínua, a fim de garantir que seja dada a devida diligência. Assim, os procedimentos devem ser monitorados e sempre que necessário devem ser revistos de modo a atenuar a exposição ao risco.

Para um processo ter seu resultado alterado, deve haver modificação em pelo menos um dos quatro elementos: as pessoas envolvidas; a estrutura de decisão; o fluxo estabelecido, que está em grande medida vinculado à estrutura de decisão; e a tecnologia disponível.

O elemento pessoas está condicionado ao treinamento ou à alocação de uma nova pessoa para executar aquela atividade em face das suas habilidades. A estrutura de decisão é estabelecida quando se delimita os papéis a serem executados por cada ator envolvido. Associada a isso está a definição do fluxo, cujas posições de controle e auditoria serão proporcionais aos impactos que podem causar. Por fim, a tecnologia é a condição oferecida para a execução daquela atividade, e deve ser compreendida não apenas como o aparato tecnológico, mas também como o *know-how* da equipe.

Para que alguém se sujeite a um processo fraudulento, conforme define o "pentágono da fraude" proposto por Renato Santos,[17] cinco aspectos devem ser contemplados. São eles: pressão (o indivíduo deve apresentar alguma necessidade que o faça sentir pressionado); disposição ao risco, indicando que a pessoa deve em alguma medida estar disposta a agir mesmo diante dos riscos; capacidade, pois o processo fraudulento pode exigir determinada habilidade; oportunidade, apontando para uma vulnerabilidade do objeto de fraude; e racionalização, que representa certa aceitação moral do indivíduo, mesmo diante daquilo que reconhecidamente é errado.

Com a atuação do *compliance*, espera-se reduzir a vulnerabilidade do processo, de modo a dificultar a existência da oportunidade, pois todos os demais quesitos estão associados a aspectos do próprio indivíduo.

Visando atender a duas das necessidades que se apresentam — definição dos papéis e rotina de trabalho a serem desempenhados pelos atores envolvidos e a possibilidade de haver fraude —, entendo que o caminho é uma compreensão das três linhas de defesa de uma empresa, como sugere o documento já citado do governo britânico.

PRIMEIRA LINHA DE DEFESA

A primeira linha de defesa de uma empresa passa por aqueles que exercem o papel de gestão. Afinal, são eles os responsáveis pelo processo de gerenciamento dos riscos associados à atividade e que definem o sistema de controle interno da empresa, em consonância com as diretrizes do *compliance*.

---

17. Doutor em administração pela Pontifícia Universidade Católica de São Paulo (PUC-SP), apresentou em sua tese a proposta do pentágono da fraude.

Modelo das três linhas de defesa

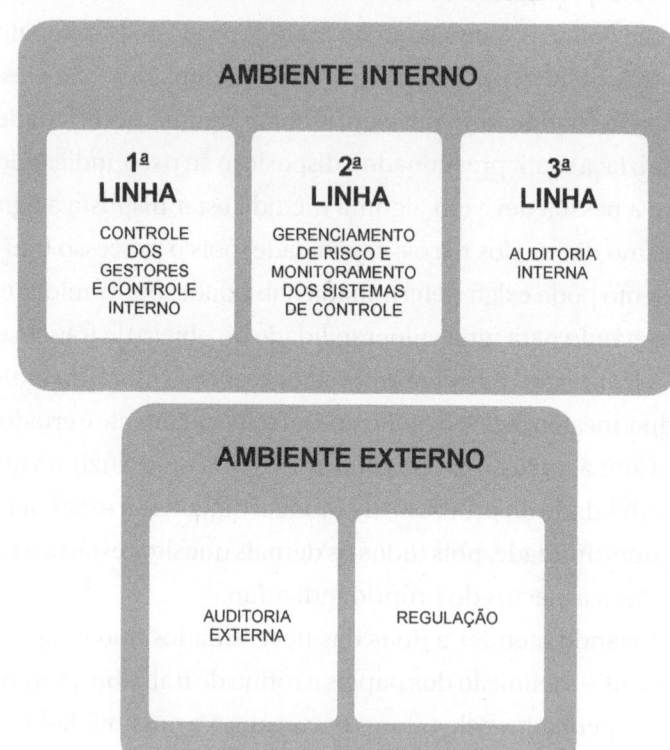

```
AMBIENTE INTERNO

┌─────────────┐  ┌─────────────┐  ┌─────────────┐
│    1ª       │  │    2ª       │  │    3ª       │
│   LINHA     │  │   LINHA     │  │   LINHA     │
│             │  │             │  │             │
│  CONTROLE   │  │GERENCIAMENTO│  │  AUDITORIA  │
│    DOS      │  │  DE RISCO E │  │   INTERNA   │
│  GESTORES   │  │MONITORAMENTO│  │             │
│ E CONTROLE  │  │ DOS SISTEMAS│  │             │
│   INTERNO   │  │ DE CONTROLE │  │             │
└─────────────┘  └─────────────┘  └─────────────┘

AMBIENTE EXTERNO

┌─────────────┐  ┌─────────────┐
│  AUDITORIA  │  │  REGULAÇÃO  │
│   EXTERNA   │  │             │
└─────────────┘  └─────────────┘
```

Fonte: baseado em informações do governo britânico.

Para que se efetive a primeira linha de defesa, a gestão deve elaborar um conjunto de normas e políticas que direcionam a elaboração dos procedimentos e a conduta operacional dos demais colaboradores. As normas e políticas devem estabelecer regras e orientar a atuação em todos os aspectos relevantes para a operação da empresa, desde questões comerciais até viagens corporativas. Assim, se estabelece com a clareza devida a atitude que os gestores compreendem que deve ser seguida pelos demais, de modo a ter uma atuação eficiente e eficaz que convirja para o atendimento dos objetivos da corporação.

Obedecendo aos princípios estabelecidos pelas normas e políticas, os gestores devem manter controle sobre os processos desenvolvidos por sua equipe, detalhando o procedimento a ser executado e capacitando seus colaboradores para cumprir as atividades.

Esses procedimentos devem ser construídos com a equipe, que é quem de fato executa a atividade, e são passíveis de adequações. As melhorias devem ser comunicadas e transmitidas a todos, representando um novo patamar de *know-how* da empresa na execução daquela atividade.

Nesse nível de defesa, todo o corpo de lideranças deve ofertar ferramentas e conhecimento suficientes para seus subordinados exercerem o seu papel adequadamente e apoiar a alta gestão em caso de necessidade de aprimoramento das normas e políticas.

A seguir, relaciono um conjunto de instrumentos que são cruciais para um bom funcionamento empresarial e que atendem à necessidade fundamental dos pilares que sustentam a boa governança corporativa.

Estatuto ou contrato social

É comum haver divergência, entre os sócios de uma empresa, daquilo que compete a cada um. Essa condição se complica ainda mais para aqueles que são minoritários dentro de uma sociedade.

A fim de evitar tais conflitos que colocam em segundo plano os interesses da empresa, faz-se necessário que o estatuto ou contrato social defina com clareza de que forma os agentes atuarão na instituição. É preciso que esteja claro quais são as atribuições de cada um dos agentes.

Essas definições, especialmente para os casos de empresas familiares, não podem estar restritas ao momento atual da empresa. Dentro dos dois caminhos possíveis para uma empresa — de fechar ou ser bem-sucedida, caso em que a sucessão pode ser feita por meio da venda do negócio para um terceiro ou uma sucessão familiar —, crer na perenidade do negócio obriga a definir critérios de como se dará um processo sucessório.

Um dos aspectos mais relevantes dentro desses acordos é a definição das exigências mínimas daqueles que poderão ocupar função de gestão na empresa. Nas grandes organizações existe a figura do Conselho de Administração, que funciona como um elo entre os sócios e o corpo diretivo da empresa. Compete ao Conselho de Administração definir os rumos estratégicos da organização e também o papel de sustentação do sistema de governança corporativa.

Plano de cargos e salários

Por mais que as normas de mercado não sejam suficientemente capazes de promover um clima adequado dentro da organização, isso não reduz a importância de definir claramente os salários e as condições para atingir determinados níveis na corporação.

Não há como não reconhecer a relevância de uma cultura de meritocracia. É preciso que os colaboradores identifiquem que a sua atuação, em coerência com aquilo que está disposto pelos valores da empresa, será reconhecida. A instituição de bônus salarial em função do cumprimento de metas é outro aspecto relevante.

Norma de limites e alçadas

No funcionamento de uma empresa, a todo instante as pessoas estarão envolvidas em processos de decisão que, por sua vez, acarretam gastos. Partimos da premissa que a relação de confiança existirá sempre e, assim, será estabelecido o grau de autonomia para cada um dos níveis hierárquicos dentro desse processo.

Para cada um dos tipos de contratação (contratação direta, contratação através de concorrência, pequenas compras), deve-se indicar o nível da alçada de aprovação. Em geral, à medida que aumenta o valor, a responsabilidade pode ser compartilhada por mais de um membro em um mesmo nível hierárquico ou exigir um patamar hierárquico mais alto, podendo chegar até o nível do Conselho de Administração. A decisão compartilhada é um importante instrumento para fins de inibição de atos fraudulentos.

> O presidente de uma empresa pública, por ser ordenador de despesa, participava do processo de aquisição em pelos menos quatro etapas: na autorização para o processo de aquisição, na emissão da declaração de ordenador de despesa, na homologação da compra e na assinatura do contrato ou ordem de fornecimento de material ou prestação de serviço. Mesmo diante de tamanho envolvimento no decorrer do processo de

> aquisição, ele ainda era responsável pela autorização nos processos de pagamento. A norma de limites e alçada tem relevância aqui. Não se justifica, por exemplo, o presidente de uma empresa participar de maneira tão recorrente num processo de aquisição e pagamento de cem unidades de canetas, como era o caso. A hora de serviço desse profissional é alta, e resolver questões como essas o impede de fazer aquilo para que de fato é remunerado: pensar a empresa de maneira estratégica. Delegar funções e responsabilidades é princípio fundamental para dar fluidez adequada aos processos e garantir que o tempo de cada colaborador seja ocupado com as atividades centrais da função que exerce.

Código de conduta

O código de conduta estabelece padrões de comportamento esperados para todo o corpo de colaboradores da empresa, indicando quais as responsabilidades e eventuais medidas disciplinares em caso de descumprimento.

Ele deve alinhar a prática ao conjunto de normas e políticas definidas pela instituição. Indica o processo adequado diante do processo decisório, seja no relacionamento interno ou externo.

Seu conteúdo deve abordar situações que podem representar a posição da empresa para possíveis conflitos de interesse, relacionamento com os clientes, fornecedores, governo, entre colaboradores, com os concorrentes. Deve abordar ainda aspectos relacionados à confidencialidade das informações e à propriedade intelectual.

Outros temas que ascenderam nos últimos tempos — a exemplo de responsabilidade ambiental, saúde e segurança do trabalho, assédio sexual e moral — requerem atenção especial. É preciso tratar dos limites para o caso de recebimento e/ou oferta de brindes e outros temas que podem estar relacionados à corrupção.

Um dos elementos fundamentais para efetivação do código de condutas é a criação de canal de denúncia, que pode ser por contato telefônico, aplicativo ou até mesmo e-mail. O mais relevante é que seja garantido o sigilo e que não exista possibilidade de retaliação ao denunciante. A melhor forma de estímulo para que os comportamentos inadequados sejam denunciados é a tratativa rápida e eficiente de uma denúncia realizada, obedecendo aos critérios de sigilo e confidencialidade.

Procedimento operacional padrão

São os documentos que orientam a atuação de todos os colaboradores para a realização de determinado processo. Deve indicar a responsabilidade de cada uma das áreas e níveis hierárquicos envolvidos naquele processo, indicando todas as atividades a serem executadas. O documento deve estabelecer ainda o padrão para eventuais documentos exigidos para o cumprimento das referidas atividades e os tipos de elementos comprobatórios que devem ser analisados ao longo do processo, quando necessário.

SEGUNDA LINHA DE DEFESA

Nesta etapa, as áreas vinculadas ao gerenciamento de risco devem garantir que os procedimentos estejam atualizados e aderentes a todas as normas e políticas, de modo a garantir que a primeira linha de defesa esteja funcionando adequadamente.

A segunda linha atua monitorando a eficácia dos sistemas internos que visem garantir a integridade e a conformidade dos processos às leis e aos regulamentos e questões externas que podem impactar no gerenciamento de risco. Também auxilia as gerências no desenvolvimento dos seus procedimentos, bem como nas questões relacionadas ao gerenciamento de risco, atuando de maneira consultiva e normativa.

TERCEIRA LINHA DE DEFESA

A última linha de defesa de uma empresa é a atuação da auditoria interna, cuja função é realizar uma avaliação independente da equipe que usualmente desempenha aquela atividade, a fim de se certificar do cumprimento correto dos procedimentos, normas e políticas. Compete à auditoria também buscar identificar eventuais falhas ou ineficiências ao longo do processo.

O papel da auditoria pode ser entendido aqui como uma forma de atenuar a possibilidade de envolvimento pessoal entre os participantes da rotina. Afinal, aqueles que diariamente desempenham juntos um mesmo procedimento podem criar vínculos afetivos além da parceria de trabalho e comprometer a fiscalização e o devido cumprimento da rotina estabelecida.

A atuação das três linhas de defesa resume-se em estabelecimento de diretrizes e de procedimento padrão para os processos realizados e controle direto realizado pelos responsáveis da atividade; monitoramento dos sistemas de controle interno e aspectos externos que podem interferir no gerenciamento de risco e auxílio às áreas para gestão de risco e elaboração dos procedimentos; e a auditoria interna independente.

Mas a defesa não se limita a isso. Ela pode ser ampliada a partir da contratação de um serviço de auditoria externa e, quando houver, da atuação do agente regulador da atividade desempenhada pela empresa.

Como orientação para a atuação no sentido de garantir um adequado tratamento das rotinas de funcionamento da empresa, o primeiro passo é mapear e identificar as rotinas desenvolvidas. A partir daí, realiza-se uma avaliação dos riscos de modo a ranqueá-los, a fim de que o tratamento dado possa ser proporcional ao risco.

O passo seguinte é definir estratégias que sirvam como resposta a esses riscos. As respostas podem ser dadas em quatro frentes: transferir, ou seja, terceirizar atividades ou realizar seguro, passando para um terceiro os ônus envolvidos naquele risco; tolerar (os riscos toleráveis são aqueles de que se tem conhecimento), sem adotar nenhuma medida para controlar, apenas monitorando para se certificar de que as condições sejam mantidas ao longo do tempo; terminar, em casos extremos nos quais a opção seja encerrar as atividades ou vender para outro interessado no negócio, de modo que não esteja mais exposto àquele risco; e tratar com medidas preventivas, seguindo as prerrogativas do *compliance*.

Essas estratégias devem estar refletidas em normas, políticas e procedimentos, que devem ser dotados de medidas de controle. Os casos extremos devem contemplar planos de contingência para eventuais acontecimentos como forma de controlar a crise que pode ser gerada.

Todos os processos devem ser monitorados, e os acontecimentos devem ser reportados àqueles com competência para atuar. As normas, políticas e procedimentos devem ser periodicamente revisados para que não fiquem obsoletos, mantendo constantemente a comunicação entre os atores envolvidos e capacitando continuamente a equipe.

> Toda atividade está exposta a risco. Aos gestores, que terão que tomar decisões diante das circunstâncias, cabem a adequada compreensão dos riscos e a ação reconhecendo eventuais problemas que possam decorrer de suas atitudes.

7. A ESSÊNCIA PARA GRANDES RESULTADOS

Nesses seis capítulos, passei por todas as áreas que entendo como fundamentais para os responsáveis pela gestão, independentemente da área interna da empresa ou do seu segmento de atuação.

As teorias ou raciocínios apresentados em manuais são apenas insumos que devemos considerar em nossas decisões, mas não verdades absolutas. É preciso ser criterioso e analisar as situações diante do contexto e circunstâncias em que se apresentaram. Meu objetivo com este livro era tentar provocar a reflexão sobre as práticas de gestão, partindo do meu ponto de vista, diante das minhas vivências, leituras e construções teóricas.

Assim, comentei sobre o papel do líder, questões relacionadas à gestão de pessoas, a relevância das metas para condução de uma empresa a partir dos problemas bons, o foco no controle de gastos, a dinâmica da empresa sob a ótica econômica e financeira e como é exercida essa gestão, e, ao fim, a importância de conseguir resultados fazendo o certo, abordando questões vinculadas à governança e ao *compliance*.

O educador e professor Rubem Alves, durante uma entrevista, falava que a forma que ele entendia ser mais adequada para avaliar alguém seria após alguns anos de a informação ser recebida, pois, assim, o esquecimento já teria agido. Por isso, acredito que a perspectiva de tentar estimular as reflexões pode agregar um valor maior àqueles que leram o meu livro. Aquilo que fizer muito sentido a quem lê dificilmente será perdido ao longo do tempo.

Não temos a capacidade das máquinas que nós, homens, criamos para armazenar tantos conteúdos, ainda mais diante do extenso volume de informações a que somos submetidos. Mas, como diria o professor dr. Noelio Spinola, o importante é o conhecimento que mantemos em nossa memória, e não todo o material que armazenamos em discos rígidos.

Nessa linha, defendo que existe uma série de questionamentos que devemos nos fazer diariamente para oferecer a melhor versão de nós mesmos a cada dia. Há quem se incomode com a condição de ser percebido como alguém muito competitivo, mas saiba que a grande competição não é para ser melhor do que outro alguém, e sim para ser uma versão melhor de si mesmo.

Conseguir demonstrar a ambição de crescimento pessoal sem que esse interesse se sobreponha aos interesses coletivos da instituição pode ser extremamente positivo.

Certamente essa postura também trará efeito benéfico à coletividade.

Tenho sido bastante incisivo na mensagem de que o mundo mudou e muda a cada instante em uma velocidade cada vez maior em decorrência das transformações provocadas pelo avanço tecnológico. Há ainda que se considerar os impactos sociais como consequência de tais transformações.

Quantas coisas já fizeram todo o sentido em sua vida e hoje já não têm nenhuma relevância. E outras tantas que em algum momento podem ter sido até motivo de deboche pela descrença de que pudessem se transformar em realidade e hoje fazem parte do nosso dia a dia.

De forma análoga, as atribuições e competências exigidas pelo mercado de trabalho para um gestor também mudaram e seguem em transformação. A lógica convencional nos contrapõe a esse processo de evolução. Tradicionalmente, somos exigidos a tomar uma decisão que refletirá em nossa vida profissional muito cedo, como se a vida se desenhasse de forma cartesiana. Não tenha medo de recomeçar. Enquanto existir vida, ainda é tempo de tentar dar novos rumos à nossa história.

Em qualquer atividade a figura do ser humano terá papel primordial. Mesmo que a cada dia a tecnologia ganhe vida própria, um "alguém humano" a levou até ali. Então, não encontro melhor maneira de expressar do que dizer que "ser um grande gestor é ser um grande ser humano".

Diuturnamente me recordo de passagens da rotina no ambiente de trabalho e fora dele que me trouxeram lições. A partir delas, desenvolvi um entendimento mais adequado da situação que experimentei naquele momento.

A nossa vida é isso. Ao longo do tempo, somos expostos a um grande conjunto de situações que nunca serão exatamente iguais, mas guardam semelhanças entre si e por isso estaremos aptos a agir sempre de maneira mais adequada do que antes. Os erros, especialmente alheios, devem servir como fonte de aprendizado.

Já mencionei no texto de apresentação uma atividade que desenvolvo diariamente e que me ajudou muito a entender o valor de pequenos gestos que fazemos no dia a dia. Ao fim de cada dia, reservo um minuto para refletir sobre tudo o que aconteceu ao longo do meu dia. Há situações que me fazem perceber melhoras, mas existem também aquelas que ainda me confrontam com pontos em que necessito evoluir.

Nesses momentos de reflexão, nunca me neguei a aceitar a condição de que sou falível. Sou convicto de que o primeiro passo para a evolução sempre será o reconhecimento do erro, e a atividade me ajuda muito nesse propósito. Reconhecer erros e fraquezas traz honestidade às relações e é a porta de entrada para o amadurecimento.

Os grandes nomes do mundo corporativo são unânimes em dizer que o sucesso só chega para aqueles que foram capazes de superar e aprender com os seus inúmeros erros. Para aqueles que são resilientes.

É preciso ser forte para superar os momentos de fracasso. Devemos ser sustentados pela crença em um propósito maior e a compreensão de que os momentos de glórias e as grandes conquistas também serão passageiros, portanto, o esforço tem que ser contínuo para que esses momentos possam se suceder em nossas vidas.

Dom Armando Bucciol, bispo da diocese sediada em minha querida Livramento de Nossa Senhora, minha cidade natal, em uma de nossas conversas me disse que, para evoluir, o homem tem que experimentar duas situações: enfrentar uma grande dor ou perda e viver um grande amor.

Compreendi, dessa fala do bispo, que cada situação extrema, ao seu modo, nos faz meditar sobre os sentidos que damos à nossa vida. No entanto, o que está por trás dessas situações é que, seja pela necessidade de superar um momento de muita dor ou pela expectativa criada por uma grande paixão, estabelecemos novas metas para as nossas vidas e buscamos reforçar os nossos porquês.

Para conquistarmos o sucesso em nossa vida pessoal ou no mundo corporativo, devemos nos reinventar a cada instante. Quem não conseguir acompanhar a velocidade com que as coisas têm se transformado vai ficar para trás. Fazer os questionamentos corretos nos conduz às respostas de que necessitamos.

AQUILO QUE DIGO ESTÁ REFLETIDO NA MINHA PRÁTICA?

Acredito que a consciência é consequência de características genéticas e do ambiente em que se vive. Esses fatores, em conjunto, condicionam certos paradigmas presentes em nossas vidas que devemos superar.

Eu, particularmente, acredito que um jovem que vive em um ambiente criminoso age com a maior rebeldia ao escolher o caminho do estudo. Sua consciência se contrapõe totalmente ao ambiente em que vive. Como profetiza o ex-presidente uruguaio Pepe Mujica, precisamos viver tudo aquilo em que de fato acreditamos, senão, no final das contas, acabaremos pensando que vivemos. Então, busque um sentido para a própria vida e faça que isso se reflita no seu negócio.

Os "porquês" que nos damos carregam uma força muito maior do que os "comos" que condicionam as circunstâncias e as dificuldades que certamente farão parte de nossa rotina.

Se conseguirmos dar um "porquê" para a nossa vida ou nosso negócio que atenda a alguma demanda da sociedade, seremos capazes de envolver pessoas e imbuí-las de motivação, seja um colaborador ou financiador, seja um cliente ou fornecedor, de modo a dar sustentabilidade ao negócio numa perspectiva de longo prazo. Esse porquê tem uma capacidade de inspiração maior do que o estímulo financeiro.

Nossa postura de vida exige coerência entre aquilo que falamos e nossas ações, pois é assim que conseguiremos obter o respeito necessário para sermos dignos de admiração e nos tornarmos fonte de inspiração para as pessoas.

No ambiente corporativo de hoje, esta é uma prerrogativa essencial. O mundo já superou o momento em que as normas de mercado eram suficientes para atrair e imbuir pessoas. A coerência será o ponto fundamental para conquistar *status* perante os colegas, independentemente da posição hierárquica, que cada vez faz menos sentido em uma empresa.

Assim, o papel daqueles que ainda ocupam os postos de liderança deve ser garantir uma condição favorável para a difusão e a criação de conhecimento, pois o ambiente de trabalho e a interação entre as pessoas produzem conteúdo de valor incalculável. Portanto, não compartilhar conhecimento impossibilita exercer de fato um papel de gestor, limitando-o ao poder que lhe é delegado pela estrutura hierárquica.

Essas estruturas hierárquicas verticalizadas, com diversos níveis, estão em declínio, e as posições funcionais de uma empresa são cada vez mais horizontais, com papéis e responsabilidades muito bem definidos e com a clareza da importância de cada função para o todo da empresa. Reforçando, assim, a relevância do trabalho conjunto. A nossa vida é moldada em sociedade.

Mas não esqueçam: os grandes resultados só são dignos de comemoração se chegam do jeito certo, em conformidade com a legislação e com os valores definidos pela empresa. Por isso, quem se ocupa da gestão deve inspirar e garantir que sua equipe esteja cumprindo aquilo que foi estabelecido pela empresa. Quem faz o certo se orgulha de poder contar como chegou até ali.

Os papéis e as rotinas devem ser claramente definidos, com ações proporcionais aos riscos que cada uma dessas atividades apresenta. A execução dos procedimentos deve ser monitorada e passível de auditoria, visando à garantia da conformidade.

HÁ ALGUMA FORMA DE OTIMIZAR O QUE FAÇO HOJE?

Toda empresa morre pelo caixa. As transformações sociais e dos negócios em função do avanço tecnológico elevaram o grau de competitividade e o nível de informação dos compradores, permitindo uma decisão mais criteriosa na hora de escolher determinado produto.

Dificilmente compramos algo, nos dias de hoje, sem antes realizar uma pesquisa pela internet, tanto de preço quanto de qualidade e avaliação dos produtos em questão.

Diante de tamanha competitividade, o processo de inovação não pode ser compreendido de maneira limitada a questões que envolvem tecnologia. A inovação também pode ser decorrência de melhorias nas rotinas e processos no ambiente corporativo.

Compreender adequadamente a dinâmica da empresa sob a ótica econômica e financeira ajuda quem não tem vivência na área a tomar decisões de maneira mais adequada. É preciso entender que as áreas têm de se colocar não de maneira isolada, mas abertas a interações para a boa operacionalização do negócio.

É necessário manter sempre o foco no controle de gastos, sem esquecer que o que vem primeiro é o atendimento das expectativas provocadas nos clientes. Cortar gasto de maneira indiscriminada é a coisa mais fácil a fazer.

Mais do que falar em qualidade do produto de forma isolada, devemos prezar pela experiência ofertada aos clientes em todas as etapas em que se concretiza a transação comercial e no pós-venda.

Discutimos aqui alguns caminhos, quer seja partindo das diferentes propostas orçamentárias, quer da análise de produtividade e dos entregáveis de cada área, seguindo a lógica das torres, como forma de redução desses gastos.

A gestão econômica e financeira é resultado do controle dos gastos e de uma boa gestão dos elementos que traduzem a dinâmica do negócio. Esse é o caminho para conquistar uma gestão voltada para criação de valor. Mais do que lucro, a empresa precisa de fluxo de caixa para realizar os reinvestimentos necessários para a operação e remunerar seus acionistas.

Espero ter conseguido fazê-lo entender que existem recursos de curto prazo com características de longo prazo e que isso exige de nós cautela em muitas questões, a exemplo do desejo tácito de crescer.

O QUE FAÇO HOJE QUE NÃO FARÁ SENTIDO AMANHÃ?
O QUE NÃO FAÇO HOJE QUE FARÁ SENTIDO AMANHÃ?

Questione-se — não só no âmbito corporativo, mas no pessoal — sobre tudo aquilo que faz sentido hoje, mas poderá não fazer amanhã, e vice-versa. Reinvente-se a todo instante, compreendendo as grandes transformações sociais que vêm acontecendo à nossa volta.

Conquistar nichos de mercado é conseguir antever os movimentos da sociedade, ocupando espaços de forma pioneira. Saiba, porém, que é cada dia mais difícil sustentar essas posições, pois os modelos de negócios são facilmente replicáveis.

O que é impossível de ser copiado é o propósito que você dá à sua vida e ao negócio em que atua ou que construiu. É o resultado de uma construção muito individual e das experiências vividas ao longo do tempo. Saber o porquê de sua existência e conhecer o que inspira seu negócio é um processo de autodescoberta, e não fruto de uma imposição.

Em muitas oportunidades, seremos confrontados a tomar decisões que terão impacto por um longo período de nossa caminhada, por isso não se limite ao usual. A evolução exige necessariamente enfrentar um momento de ruptura. Ouse. Permita-se pensar em ser e fazer diferente, pois essa diferença pode ser a porta de entrada para uma nova vida. Sua originalidade é seu grande diferencial competitivo.

Chego até aqui consciente de que este livro não acaba em si mesmo. De igual modo, minhas convicções e pensamentos apresentados não serão imutáveis. Afinal de contas, pretendo conseguir acompanhar as transformações que o mundo experimenta e, mais do que isso, aprimorar-me a todo instante.

Como me propus desde o início, não esgotei nenhum debate nem trouxe fórmulas mágicas. Espero ter plantado boas sementes e conseguido provocar algumas reflexões com aquilo que julguei essencial a quem é responsável por fazer gestão.

Acredito que puderam perceber que os grandes desafios da gestão estão significativamente vinculados às mudanças que promovemos em nós mesmos e na forma como encaramos a nossa vida.

Que este meu esforço, bastante prazeroso, diga-se de passagem, consiga em alguma medida auxiliar no processo de crescimento e fomento de uma maturidade gerencial àqueles que se ocupam desta nobre arte que é a gestão.

Carreguem consigo esta minha última mensagem: "A gestão é a essência para grandes resultados".

REFERÊNCIAS

ALVES, Rubem. Entrevista para revista digital (parte 4) — *O problema do vestibular*. Disponível em: https://www.youtube.com/watch?v=vTr5yxqxg6E. Acesso em: 6 jul. 2019.

ARIAS, Gonzalo. Entrevista com Mujica: "Vivemos o império da solidão no meio da multidão". *Carta Maior*, 18 abr. 2018. Disponível em: <https://www.cartamaior.com.br/?/Editoria/Politica/Entrevista-Mujica-vivemos-o-imperio-da-solidao--no-meio-da-multidao-/4/39937> Acesso em: 4 jun. 2019.

ARIELY, Dan. *Previsivelmente irracional*. Rio de Janeiro: Elsevier, 2008.

AUGUSTO, Flávio. *Ponto de inflexão*. São Paulo: Buzz, 2018.

_____. *Vendas e negociação*. 1-30 jun. 2018. 62f. Notas de aula.

COLLINS, Jim. *Vencedoras por opção*. São Paulo: HSM, 2012.

EUROPEAN Confederation of Institutes of Internal Auditing (ECIIA)/Federation of European Risk Management

Associations (FERMA). *Guidance on the 8th EU Company Law Directive*: Article 41.

FALCONI, Vicenti. *O verdadeiro poder: práticas de gestão que conduzem a resultados revolucionários*. Nova Lima: Falconi, 2013.

FRANKEL, Viktor E. *Em busca de sentido: um psicólogo no campo de concentração*. Petrópolis: Vozes, 2019.

LÍDER. *In*: *Dicio*. Disponível em: https://www.dicio.com.br/lider/. Acesso em: 4 abr. 2019.

MARSHALL, Alfred. *Princípios de economia*. São Paulo: Nova Cultura, 1982.

MINISTRY of Justice (United Kingdom). *The Bribery Act 2010*: Guidance about procedures which relevant commercial organisations can put into place to prevent persons associated with them from bribing (section 9 of the Bribery Act 2010).

QUINQUIOLO, J. M. *Avaliação da eficácia de um sistema de gerenciamento para melhorias implantado na área de carroceria de uma linha de produção automotiva*. Taubaté: Universidade de Taubaté, 2002.

RIBAS, Alexandre. *Otimização de orçamento*. 1-30 abr. 2018. 86f. Notas de aula.

SANTOS, Renato de Almeida dos. *Modelo preditivo de fraude ocupacional nas organizações*. Tese (Doutorado em Administração). São Paulo: Pontifícia Universidade Católica de São Paulo, 2016, 205f.

SCHOEPS, Wolfgang. O método do custeio direto. *Revista Administração de Empresas*. São Paulo, v. 32, n. 3, p. 58-66, ago. 1992.

STORANI, Paulo. *Vá e vença*. Rio de Janeiro: BestSeller, 2018.

TEMPOS Modernos. Direção: Charlie Chaplin. Intérprete: Charlie Chaplin e outros. Estados Unidos: United Artists, 1936.

VIEIRA, Marcos Villela. *Administração estratégica do capital de giro*. 3 ed. Belo Horizonte: Editora do Autor, 2017.

Esta obra foi composta em Utopia Std 11 pt e impressa em
papel Pólen Soft 80 g/m² pela gráfica Meta.